普通高等教育“十三五”规划教材

大学生职业生涯规划指导

樊小辉　赵　丹　主　编
王　玉　王　雪　孙　婧　副主编

中国石化出版社

内容提要

本书以职业生涯规划相关理论和方法为指导，通过职业认识篇、职业探索篇、职业准备篇、职业发展篇较为系统地介绍大学生们规划人生、规划职业、规划大学生活和职业适应及再选择的方法和步骤，旨在引导学生掌握职业生涯发展的基本理论和方法，促使大学生理性规划自身发展，同时合理规划自己的大学生活，在学习过程中自觉提高就业能力和生涯管理能力，有效促进大学生求职择业与自主创业。

本书既可作为大学生职业生涯规划的指导教材，也可为高等学校从事学生就业指导的教师提供参考。

图书在版编目(CIP)数据

大学生职业生涯规划指导/樊小辉，赵丹主编.
—北京：中国石化出版社，2017.6(2019.9重印)
ISBN 978-7-5114-4527-8

Ⅰ.①大… Ⅱ.①樊… ②赵… Ⅲ.①大学生-职业选择 Ⅳ.①G647.38

中国版本图书馆CIP数据核字(2017)第140410号

中国石化出版社出版发行
地址:北京市朝阳区吉市口路9号
邮编:100020　电话:(010)59964500
发行部电话:(010)59964526
http://www.sinopec-press.com
E-mail:press@sinopec.com
北京富泰印刷有限责任公司印刷
全国各地新华书店经销

*

787×1092毫米16开本12印张241千字
2017年7月第1版　2019年9月第2次印刷
定价:28.00元

前 言

《礼记·中庸》一书中："凡事预则立，不预则废。"事业的成功离不开职业规划，人生的辉煌更需要生涯规划。大学生涯正是人生最重要的阶段，大学生科学合理地进行生涯规划，有利于激发和培养大学生积极向上、奋发有为的人生态度，帮助大学生提高对自我、职业社会、职业决策选择的认识，明确职业目标，制订有效的学习规划和实践规划，进而提升自己的职业素质和就业竞争力，顺利完成学业并实现成功就业。

本书以职业生涯规划相关理论和方法为指导，通过职业认识篇、职业探索篇、职业准备篇、职业发展篇较为系统地为大学生们提供规划人生、规划职业、规划大学生活和职业适应及再选择的方法和步骤，旨在引导学生掌握职业生涯发展的基本理论和方法，建立职业生涯规划意识，树立科学的就业观，使大学生获得可持续发展的择业知识、技巧、树立正确的职业价值观。

本书由沈阳工业大学辽阳校区和沈阳农业大学从事学生工作的教师编写。樊小辉、赵丹主编并负责全书的统稿、定稿工作，王玉、王雪、孙婧为副主编。具体分工情况：第一章、第二章、第三章、第五章由赵丹编写；第六章、第十章由王玉编写；第七章由樊小辉编写；第四章、第九章由王雪编写，第八章由孙婧编写；刘斌、高俊娜等参编。

此外，在本书的编写过程中，参考了一些专家和学者的著作，借鉴了网站上的资料，在此一并感谢！由于编者水平有限，书中难免存在不当之处，敬请专家和读者批评指正。

目　录

第一篇　职业认识篇

第二篇　职业探索篇

第三篇　职业准备篇

第四篇　职业发展篇

梦，开始的地方

第一篇
职业认识篇

第一章　大学，梦想开始的地方

案例分析

2005 年，中国青年报社会调查中心和某网站校园频道联合实施了一项题为“你觉得大学生活有意思吗?”的在线调查，这项共有 2451 名网友参与的调查显示，35.4%的人认为大学生活“太没劲了”，如果再算上“偶尔感觉没劲”的人，比例就会高达 80.1%。调查还发现，41.9%的人刚进入大学的时候“很兴奋”，但一段时间后，其中 44.6%就觉得“大学生活其实很令人郁闷，和理想中的差距太大了”。

2011 年某网站开展了一项社会调查，结果显示：有 65%以上的大学生认为上大学的理由是“找一份适合的好工作”，居各选项之首；有 46.5%的父母认为孩子上大学生的首要任务是“找一份适合孩子的好工作”。调查表明，现实功利和自我利益目标成为六成大学生上大学理由的首要取向。

当你拿到梦寐以求的大学录取通知书的时候，欣喜之余对大学充满了向往，大学是什么？大学学什么？大学应该怎么学？大学生应该怎么做？大学毕业之后做什么？当你步入大学校园，当大学生生活的画卷在你面前徐徐展开时，也许你对自己的专业还是懵懵懂懂，也许你感觉职业、职业生涯的字眼和你不相关，但是在迎接大学这一崭新的生活之前，请你未雨绸缪，为你的大学生活做个规划，因为大学是通向你职业生涯的重要驿站。

来吧，走进大学的莘莘学子，让我们一起站在新的起跑线上，携手并肩，去看看大学的风景！

第一节　认识大学

大学之道，在明明德，在亲民，在止于至善。知止而后有定，定而后能静。静而后能安，安而后能虑，虑而后能得。物有本末，事有终始，之所先后，则近道矣。

——《大学》

大学者，研究高深学问者也。

——蔡元培

一、什么是大学

（一）大学的产生及历史意义

零星的高等教育活动早在欧洲的古希腊时代、中国的春秋战国时期就已出现，但直到中世纪晚期才在欧洲形成了独立的大学组织，开始了建制化的高等教育实践活动。之所以在欧洲而不是在世界其他地区的文明中率先产生了大学这种独特的学术活动模式，从根本上讲，主要得益于欧洲社会各个方面条件的日渐成熟。大学的形成促进了学术活动的体制化变革，具有重要的历史意义。

大学，是指提供教学和研究条件以及授权颁发学位的高等教育机关。大学分为综合大学、专科大学和学院。它选拔具有高中以上学历者进行教育和培训，并以考试考核的方式检验其所学知识和技能。

（二）大学的性质和功能

我国高等教育专家杨德广教授认为，人们普遍认可的大学的性质和功能是教学、科研和为社会服务这一观点是正确的，但是这种表述不够全面、不够具体。他认为，中国现代大学的性质是由中国现代社会的政治、经济、科技和文化所决定的。建设中国特色的社会主义，决定了中国大学的社会主义办学方向。现代大学的根本功能，就是推动现代社会政治、经济、科技和文化的发展，促进人的全面发展。概而言之，现代大学是集教育性、学术性、综合性、创造性、社会性、服务性、产业性、自主性、开放性和国际性于一体的。

（三）正确看待大学的类别和层次

应该如何看到大学的类别和层次呢？我们先有必要探讨环境在个人成才中的作用问题。一个人所处的环境无疑影响个人的成才和发展，但是环境好坏又不能决定人的成才与否，因为个人的努力才是最为关键的因素。如何看待大学的类别和层次，涉及到个人如何去评价和认知学校这一环境问题。归根到底，一个人在何种类别和层次的大学读书不是决定他能否成才的关键因素，而是个人努力才是最重要的，而且个人对自己所读大学的层次如何认知和评价是影响个人努力程度并进而影响他能否成才的重要因素。也就是说，不同大学的优势和劣势可能不同，但大学绝对没有好坏之分，关键还在于自己。那些因为自己就读于相对较好的大学，就会觉得高人一等而止步不前的人是短视的；而那些因为自己考入了所谓的二流、三流高校的而自暴自弃的学生则是懦夫和懒汉。据说，在北京大学的学生中流传着这样的一句话：“在北大，一个人既可以成龙，也可以成虫，一切取决于你自己。”进一步说，你能否成才并不是由你所就读的大学层次和类别决定的，而是由你的心态和行动决定的。

着意弱化大学之间的差别，主要是强调个体的努力和奋斗。“专业无冷热，学校无好坏”。学生是学校的“产品”，不同“厂家”生产的不同品牌的“产品”在性能上，在市场定位上肯定会存在差异。但是，这是从整体上而不是个体而言，它所能说明的是一种概率，而不是一种绝对化的公式。而且，学生毕竟不是完全商品化的批量产品，是具有主观能动性的个体。最好的牧场里也可能出产劣等马，伯乐相的是马的个体，而不是单单看马的产地。有道是“英雄莫问出处”，学历高低、学校好坏并不决定一个人的前途和命运。

现在而言，关于哪些大学是中国最好的大学，存在着各种各样的评鉴。实际上，今天中国的大学没有好坏、高低之分，只能说术业专攻，各有所长。总体而言，清华、北大、南大、复旦、浙大、上海交大、中国科大、中国人大以及西安交大、哈工大等校是中国大陆地区具有较高声誉的大学，北大、清华尤为突出。人文与社会学科方面具有较高声誉的大学包括北大、人大、南大、复旦、武大等校。理科方面具有较高声誉的大学包括北大、南大、科大等校。工科方面具有较高声誉的大学包括清华、上海交大、浙大、西安交大、哈工大、天大、东南、华中科大等校。

二、大学能给我们什么

大学是人生最美好也是最重要的阶段。在这里我们第一次跟随那么多学识丰富的学者遨游知识的殿堂，第一次有如此自由的课余生活，第一次独立思考人生，也可以第一次自主的选择自己想要的生活等。那么到底大学能给我们带来什么呢？

（一）一个新起点

踏进大学，我们的人生就开始了一个新的起点，有新的学习环境，新的生活环境，新的人际环境，充满了希望和挑战。在这里，大学为我们继续获取知识、训练技能、发挥潜能、展示才华提供了新的起点。而大学精神潜移默化的影响，将使我们更深刻地体会人生的价值，同时这里也是我们实现人生价值的起点。

（二）一个大舞台

大学是一个非常难得的自我修炼的场所，这里有环境优美的校园、有来自五湖四海的同学、有学识渊博的教授、有丰富多彩的业余生活、有美好的爱情故事……它为我们追求人生梦想搭建了一个大舞台。

第一，学习知识的舞台。

当你经过了近十年的奋斗、历经了千辛万苦的竞争进入了眼下这一所心仪的大学，那么这一所大学中所有的可供利用的资源就是为你搭建了通往知识殿堂的一个平台。在这里，可以为你的成长积累原动力，利用好这些资源，你可以轻松的赢在起跑线上。一个善于利用环境提供的资源并能够使之为其所用的人更容易取得成功。

图书馆：作为衡量一个大学办学条件的硬性指标，图书馆可以说是大学生中学习资源最为丰富的地方。大学里图书浩如烟海，各个专业的图书是分门别类，而且还拥有数量众多的现代各类科技期刊，供我们汲取现代最前沿科学知识。总之，懂得利用图书馆，是我们在大学生里获取知识的重要途径。

学校的选修课：几乎每所大学都会开设大量的全校选修课，比如艺术类、人文类、科普类的课程供学生选修。大学之大，在于老师，很多选修课老师对某个领域的独到见解能够让学生受益匪浅。

学校老师：任何一个大学中，老师都是最为宝贵的学习资源，能和这些大学老师们坐而论道、谈古论今，可谓是人生一大快事。老师或学识渊博，或资源充沛，或德高望重，无论哪一样，良师都能给你带来很大的启发。

讲座：每一所大学尤其是重点大学，会频繁地邀请一些社会知名人士，或学术大家，或企业名流，或文体新锐，定期地来学校和大学生们展开交流，参加这些讲座，能够面对面地和一些以往只能在电视上看到的知名人物进行交流，听取他们对于人生、对于学习、对于各个领域独到的见解。

总之，学习资源对于所有的大学生都是平等的，无论你来自哪个地方，无论你贫穷或富有，需要的只是充分的准备和足够的行动力，通过何种方法获取资源、利用资源，那么大学生活才会变得更加丰富多彩和有价值、有收获。

第二，交友的舞台。

在大学期间所建立起来的良好的师生关系和同学关系，不仅仅是在校园里需要，更是我们步入社会、走向成功的基本要求。在学校里培养出来必备的能力，就会在社会上领先一步。会成为我们今后职业发展中的重要资源——人脉。

第三，自我锻炼的舞台。

大学生中的学生社团是大学生依据共同的兴趣爱好而自愿组成、按照章程自主开展活动的群众性组织，是大学生自我教育、自我管理和自我服务的重要阵地。学生社团是校园文化一道亮丽的风景线。同学通过有选择性地参加一些社团组织，可以充分的锻炼和提高自身各方面的素质，促进自己成长。另外，担任学校、院系、班级干部也是快速提高自身各方面素质的一个有效途径，但是要平衡社团活动与课程学习的时间。

（三）一种大学精神

大学最吸引人也最为世人津津乐道就是大学精神。大学精神内容很宽泛，没有固定的定义。大学精神是在大学的发展过程中长期积淀形成的稳定的、共同的追求、理想和信念。大学精神既体现一所大学的治校理念和办学风格，又体现大学成员的文化素养和价值追求。

大学不仅仅是客观物质的存在，更是一种文化存在和精神存在。大学之大，在于精神之立。知识及其学科是大学存在的必要基础，而发挥决定作用的是办学理念。大学的办学理念是历史积淀、发展而来的文化，它主导着大学的定位和教育的实施。这些我们也可以从各个大学的校训中得到一些启示。

哈佛大学：真理。寓意是追求真理，但不迷信权威。

耶鲁大学：光明与真理。

华盛顿大学：通过真理取得力量。

清华大学：自强不息，厚德载物。蕴含发愤图强、兼容并包、与日趋进的精神。

北京大学：思想自由，兼容并包。

复旦大学：博学而笃志，切问而近思。

我们可以感受到每一个接受过大学教育熏陶的人，往往比其他人具有更明确、更积极向上的理想信念，有自己内在的价值追求；比常人更多的宽容之心；在精神上，学术上追求更大的自由；一身正气，有时敢于为真理而斗争；能客观地看待问题、分析问题，充满科学精神和讲求科学方法。

总之，大学不能直接赋予我们职业、态度、思想、信念和幸福，但大学为我们成长提供了良好环境，为我们获取幸福要素提供了机遇，关键看我们如何去把握。

三、上大学为了什么

“大学生要学会做人，学会生存，学会求知，学会与人相处”。——联合国文教总干事费德里·科马约尔在“迎接21世纪高等教育大会”上提出上述观点。由此可见，培养高学历人才不应是大学教育的唯一目标，我们也应该问下自己“为什么上大学”？

我们上大学不应该是为了“找个好工作”、“拿到文凭”这类短期的目标，而是应该去思考和明确人生的意义和价值，找准自己的兴趣点，为自己长远的生活和职业发展进行规划，并积极培养相应的能力。

因此，我们上大学，一方面是为了改变、成就更好的自己，包括思想观念、态度、视野、知识等方面；另一方面是为了储备职业发展竞争力，包括专业知识、实践能力和核心就业能力。大学生的学习过程无疑要比结果重要，正如老子所言“授之以鱼，不如授之以渔”，大学生通过学习所培养获得的思想观念、价值观体系、心智模式、结构性的知识体系，以及为人处世等，是能够为自己带来受益一生的智力资本，要比拿到的文凭或者一份较为高薪的工作更为重要。

（一）满足更高层次的人生需求

职业生涯的每次质的飞跃，都是以学习新知识，获取新技能为前提条件的。要想实现高层次的人生需求，就必须获得职业生涯的高度发展，而要想获得职业生涯的高度发展，就必须提高自身的知识、能力和素质。而这些知识、能力和素质的获得可以通过大学来实现和完成。

人生就好像是爬山，唯有怀达到山顶的雄心壮志，否则永远无法爬到顶端。“你不能决定生命的长度，但你可以拓展它的广度；你不能左右天气，但你可以改变心情；你不能改变容貌，但你可以展现笑容；你不能控制他人，但你可以掌握自己；你不能预知明天，但你可以利用今天；你不能样样胜利，但你可以事事尽力！”唯有这样积极进取的人生态度，有更高层次的需求，才能成长、成才。

（二）获取较高的职业发展起点

虽然职业没有高低贵贱之分，但社会职位是有高低之分的。从社会职位的分布来说，低级职位在社会上的分布最多，职位层次越高，相应的职位也越少。任何职业对从业者都是有任职资格要求的。同样，相应的职位也要求从业者具备相应的能力，高级职位要求从业者具备更高的能力。

第二节　如何度过大学生活

大学生活是令人向往的青春之梦，是憧憬、是追求、是历练、是回忆，是成长、成熟、成才的过程，更是人生理想扬帆起航的地方。在大学里，有些大学生能够提前确定自己的人生目标和理想，通过大学几年的努力为今后打下了坚实的基础；而还有一些大学生，他们来到大学之后，把这里当成了自由快乐的王国，乐不思蜀，临到毕业时才发觉自己什么都没学到，对前途一片迷茫。那么到底应该如何度过大学生活呢？

一、实现角色转变、熟悉校园生活

正确认识大学生活，尽快适应大学生生活是大学新生面临的第一个成长课题，也是对其心理素质的首次考验，大学不是家，不是宾馆、饭店，但它有这些场所不具备的独特条件：有学识渊博的老师，有丰富的图书资料，有浓厚的学习气氛和独特的校园环境……如果能主动调整心态，为自己确立新的奋斗目标，变彷徨为进取，就会尽快建立自己新的生活秩序。抓住汲取知识、发展才干的时机，尽早融入大学生活。

大多数的大一新生，都怀揣着对大学无数地美好憧憬步入梦寐以求的象牙塔——大学，便认为大学真的像高中时所听见的、所想象的“上了大学，就轻松了”。当入学一两个月，很多新生声称“被骗了”，因为大学一样也有考试、有纪律、有竞争。其实，新生们并没有被骗，只是没有快速适应崭新的大学校园，没有认识到“轻松”是相对于高中教育形式的转变，对学生管理方式的不同。所以，为了避免大一新生入学之初的迷茫，应该尽快实现角色的转变，熟悉校园生活。

（一）遵守校规校纪，树立规范意识

无规矩不成方圆。新生入学时，学校会给新生发放《入学须知》或《学生手册》等，里面包含大学校训、校风、校歌，同时详细地规定学生的权利义务，明确地制定学校的各项规章制度，惩罚规定。学校的校规校纪对每一名在校学生都是公开、公平、公正的，每一名在校学生不但要熟悉学校的校规校纪，更要严格遵守，树立规范意识，这不但是保证自身顺利毕业的必要条件，也是约束自身，培养优秀人才的必然要求。针对学校的校规校纪，尤其要重点了解日后很可能接触到的请假、休学、退学、办理缓考、转专业、助学金评定、保送研究生条件等规定，同时要明确奖励和惩处的具体条款。

案例一：

孙某是某大学建筑学系大二学生。2013 年 12 月 27 日，参加材料力学考试时夹带资料，被监考老师发现，孙某并没有及时主动承认错误，情绪激动，与监考老师发生言语冲突。同日，该校作出《关于孙某同学作弊的处分决定》，依据国家教育委员会 2005 年 3 月 发布的《普通高等学校学生管理规定》及该校《考试作弊处分的规定》，决定将该生该课程考核成绩记为无效，并给予记过处分。

案例二：

夏某为某大学的大一学生。来自河南农村，家中还有一个在家务农的姐姐和一个在上初中三年级的弟弟。母亲患有胃癌，且已经到晚期，家里生计全靠父亲一人在外务工。家中还有奶奶，生活极为贫困，条件艰苦。但夏同学自从进入大学校园，便在学校勤工俭学，尽量减少家里的开支。平日乐观开朗，乐于助人，且在大一上半学期期末考试中名列班级第二，专业第五。得到老师和同学们的一致好评，经过班里投票，辅导员老师推荐，荣获国家一等助学金 4000 元。

从上述案例中可以看到，学生违反校规校纪会得到相应的惩处，学生行为优秀也会得到荣誉和表彰。每所大学都有自身严格的规矩来保证大学各项工作和教学的正常开展。请你认真学习日常行为规范，明辨是非美丑，勿以善小而不为，勿以恶小而为之。自觉遵守校规校纪，养成良好行为习惯，做一个有修养有素质的当代大学生。在此基础上，我们才能认真学习认真规划自己的学习生活，才能产生我们一切活动的最终目标，即价值感，只有这样我们才能拥有一个丰富的内心世界，依靠这个丰富内心世界，我们才能待人平和，自感富足，不畏惧，不极端，不狭隘，才能拥有健全人格和心理，度过一个丰富精彩的大学时光。

（二）独立学习生活，摸索交往技巧

从大一新生步入大学校园的一刻起，就意味着人生角色的重大转变，从一个孩子，变成成人，面对着要独立学习和生活等问题。再也不是高中时期全家人围着转，饭来张口，衣来伸手的“公主、少爷”状态。你们要面对的是如何独立的思考、自立地生活，团结互助共同完成学业，度过充实美好的大学时光。尽快熟悉校园环境，学会与人沟通，这对大学生活的健康有序和丰富充实不无裨益。

1. 熟悉环境

（1）熟悉学校：在报考时，通过招生简章能够大概了解到学校的一些基本情况，如校史、规模、师资、专业等。但这些只是宏观地认识学校，对于要在大学生活 4 年或 5 年的学生来讲，更要了解地细致些：

乘车路线：要知道从城市火车站如何到达学校、学校的详细地址、周边大型设施等。

宿舍在校园中的位置：生活场所的位置，如教学楼、食堂、浴池、校医院、操场、书店、银行、超市等。还有具体了解它们的营业时间和注意事项等。

学校主要机构大致负责的工作内容和机构地点：如教务处、学生处、团委、保卫处、财务处、后勤处、图书馆等，并且应该详细地打听到具体的联系电话。

图书馆开闭馆时间：借阅规定和借阅室的大致布局。图书馆是大学文化最重要的资源，一定要充分利用图书馆，尽早了解图书馆的相关规定。

（2）熟悉院系：有些同学报考的是本专业，但有些同学是服从调剂到本专业的。所以在熟悉校园大体的生活环境后，要仔细了解大学所设的院系。可以说，同一所大学的院系氛围也不会完全相同。你应该大致了解学校的院系结构，大致了解每个院系主要的学科类型。了解你所在学院的位置，学院领导的办公室，辅导员办公室，实验室等。可以说，日后你的生活无处不提到你是哪个学院的，你代表着哪个学院。学院对于你来说，具有无穷的凝聚力和战斗力。

有很多的热心学长学姐们会跟你谈到学院的诸多事宜，毕竟你所学的专业课大都是由学院老师来教授。所以，你十分有必要多与上届的学长学姐们沟通，来了解整个学院的氛围。如教职工是否友好相处，平易近人，对学生是否理解关爱；院系领导是否将师生的事情作为工作重心；学院的职能部门是否能够耐心的为老师和同学们服务；辅导员是个怎样的职务，师生们是否能够和谐愉快的相处；各年级的同学们之间是否能够顺利的交流和沟通，高年级的同学们是否能够做出表率，及时帮助低年级的同学们等。总之，尽早了解学院的风气环境是你融入到大集体中必不可缺的重要过程。

（3）熟悉教师：尽管大学的老师不会像高中老师对你全方位的负责或是“监视”，但是很多大学老师会用自己独特的教学魅力或处事方式来展示他们的光辉。大学并没有完全高中时期的班主任，但是有辅导员。由于绝大多数的专业课都是从大一下学期开展，所以刚入学时，你接触到最多的就是辅导员老师。你应该注意观察并试着跟老师沟通，你就会发现大学老师很尊重你，他们会热心地为你解答问题，会同你一起探讨学术，一起参加活动。尤其是辅导员老师，你在大学时期的生活起居、学习考试都主要由他来监管。在校园里，他们会像慈善的家长关心你的日常生活；会像朋友一样倾听你在学业、爱情、工作上的烦恼，并帮你出谋划策。其实每个老师都是从学生时代走过，你们所经历的也许他们都有所涉及。并不是课上严厉的老师就不能交流，只不过他们因为科研工作繁忙或是为人严肃没有将自己生活中的另一面展示给你们。记住，每一位老师都有一颗关爱呵护学生的心，他们具有崇高而神圣的使命感，只要你敞开心扉与老师们多交流沟通，从他们身上你会学到很多东西，不仅是知识还有人生的魅力。

2. 人际交往

可以说，人际关系是人类最为微妙的学问之一。大学里都是成人，每个人有自己的生活方式和习惯。五湖四海的同学们相聚到一个寝室一个班级一个学校是一种缘分，如何融合和包容一起度过四年或是五年的大学时光，是每一个新生都面临的问题也是难题。如果人际关系处理得当，你的大学时光将锦上添花，如果处理不当，后果将不堪设想。

案例：

2013 年 4 月 1 日，复旦大学上海医学院 2010 级科研班硕士黄洋在宿舍喝了一口饮水机中的水的当天下午，出现发烧、呕吐等症状。不久，又出现了肝肾衰竭的症状。4 月 8 日，黄洋陷入昏迷，生命垂危。4 月 11 日，警方介入调查，在黄洋宿舍饮水机残余饮用水中找到少量 *N*－二甲基亚硝胺，但此时，毒药已经严重损毁了黄洋的肝肾。4 月 16 日，黄洋经医院救治无效去世。最终，警方将犯罪嫌疑人锁定为黄洋的室友，同为复旦 2010 级科研班硕士的林某。据林某交代，林某是因为平分水费等一些生活琐事和黄洋关系不和，心存不满。经过预谋，在 3 月 31 日的中午，林某将做实验后剩余并存放在实验室内的剧毒化合物带到寝室，注入饮水机槽，最终导致黄洋不治身亡。4 月 25 日，林某被上海检方以涉嫌故意杀人罪正式批捕。

据悉，林某学习相当优秀。2010 年，他通过中山大学推荐，免试进入复旦大学攻读研究生。不过，在熟悉林某的人眼中，他是一个看起来阳光开朗，实际上脾气古怪、会做出不寻常举动的人。他曾因出身贫穷而在与异性交往中多次受到打击，也曾与导师有摩擦。

调查发现，近四成大学生认为自己的寝室关系不够融洽，寝室关系已成为摆在当代大学生面前的一道坎。从备受社会关注的复旦大学投毒案到南京航空航天大学一大学生因琐事被室友刺死继而令舆论哗然。从清华大学的朱令铊中毒事件，到云南大学的马加爵事件，再到如今的复旦大学寝室投毒案，中国高校接连出现“同室操戈”的寝室悲剧，不得不让人在震惊的同时感叹着“同窗共读，相煎何急!”不过中国好室友的出现也给如今大学生寝室关系紧张带来一丝正能量!

寝室同学之间有着较大的个体差异，尤其是同学们都来自不同的省份，不同的家乡，不同的生活习惯和价值观的冲突是引起寝室矛盾的根源。这就需要我们甄选朋友、学会包容、真诚善良、积极乐观、缓下判断。

甄选朋友。《论语》中有“益者三友，损者三友。友直，友谅，友多闻，益矣。友便辟，友善柔，友便佞，损矣”。所以当步入大学时，每一位大一新生要学会判断、选择朋友。朋友大致可以分成两种，一种是真心的好朋友。即并非由共同的志向、爱好，但彼此能够相互欣赏，认同对方的价值观。在遇到困难时能够挺身相助，共同承担面对之友；另一种朋友则是点头之交。这类人或许不会成为朋友，但也不能化为敌人，仍然要与人和善，至少不要让他成为你生命中的牵绊者。

学会包容，也是解放自己。包容，是一种气度，一种力量，是磨练自身的一种修养。生活都不是一帆风顺的，抱怨是影响人际关系的一重大因素。如果一味想着如何去报复，那么心中充满了仇恨。仇恨他人，也是仇恨自己，自己为何不能释怀？如果我们都宽容相待，换位思考，认真地从其他角度去分析问题，也许之前的定夺并不一定完全正确。很多事情仅需要你包容的一笑，换来的可能是对方的懊悔与自责，不要拿别人的错误来折磨自己，更不要对人苛刻，对事吹毛求疵。让身边的人看到你的大度，你的深度，你就会享受到真正的幸福和快乐，也许更会感化他人，一起分享生活。

真诚善良，理应从善良真诚而始。做人做事要真诚，“人之初，性本善”。人与人相处难免会产生生疏隔阂，这都是源于不真诚，爱对比所致。踏踏实实做事，用真诚换取他人的信任，你将拥有更多的朋友，将使自己的人生更加顺利、更加精彩。真诚友善才是健康的心理，帮助他人的同时，也是为自己的未来铺路。

积极乐观是很难得的心态，这需要自信、自强。大学中，有相当一部分同学来自贫困的家庭，他们奋发拼搏才得以竞争过物质条件优越的同学而考入大学。他们承受着同龄人没有的艰辛和苦楚。所有的大学生们，都应该珍惜眼前的一切，用一颗积极乐观的心来应对所有的困难。低落消极悲观，只会阻碍个人的成长，破坏人际关系，唯有积极乐观，才能使自己蜕变，激发自身的潜能，给人生带来更多的惊喜。

缓下判断，给自己留有余地。刚步入大学，涉世未深，缺少待人做事的经验，更应该虚心请教，不要主观臆断，急于对某人某事贴标贴，做结论。在很多不愉快的人际交往事件中，就是由于缺少观察，缺少沟通，就将他人排除在自己的社交范围之内，也许你此时由于过早的判断，失去的是一个能够帮助你完成大业的朋友，也许正因为你的错误判断，对方反而成为你完成梦想的最大障碍。

总之，大学，除了学习学问，人际交往就是最大的学问了。这种知识是无形的，它将伴随你的一生。良好的人际关系，不仅仅在校园里需要，更是我们步入社会、走向职场的最基本要求。如果说社会是一个战场的话，那么校园就是演练场。珍惜大学里的人和事，都是日后步入职场的财富。

（三）积极参加社团，培养健康身心

1. 社团组织

每逢八九月新生入学之际，宿舍、教学楼、实验楼、图书馆、食堂等只要有粘贴展示的地点，都能够见到大学社团、学生会组织的纳新通知和介绍。各所大学的社团组织都将展开一次争人大战，新生对于校院学生会和社团组织来说都是珍贵的资源。尽管每所大学所设的学生共享组织不尽相同，但都可分为学生会、社团联合会等团委直接管理的团学组织，它将在生活理念、专业兴趣、兴趣爱好、课外学习等方面有共同追求的学生们凝聚在一起，承担一部分工作职责，完成一定的期望成果，使自己的才能得以展示，又能更进一

步的深挖自身潜在能力。选择适合自己的学生会或社团组织就要明确社团的分类，目前主要分为社会公益类、知识拓展类、文艺体育类、科学教育类、学术科技类等社团。

社会公益类：主要包括青年志愿者协会、环保协会、雷锋、郭明义爱心团队等。

“纸上得来终觉浅，绝知此事要躬行”。在大学里，学习书本知识固然重要，但更要充分大学提供给你们的平台和资源，积极投入到校园活动中来，你可以根据自己的兴趣爱好和专业发展来选择社团，在社团活动中，可以广交善友，锻炼能力，施展才华，这些对于你日后走向工作都是可贵的财富。

2. 健康体魄

在大学里，享受无穷的自由，并不是睡懒觉、通宵打游戏、谈恋爱来流逝时光。每一位家长都希望子女健康，每一位老师也希望学生身心健康的毕业。哪一家企业愿意招收病怏怏的员工？有多少次听到白领拼命工作导致猝死的报道，难道父母、老师对你的培养，对你的付出要断送在你不健康的生活习惯、懒散的生活状态上么？大学的体育馆和操场并不只是为了上课和升旗用的。大学体育科目的设置、学生体育社团的建立、学校体育设备的完善都是为了同学们的健康。有多少次听见女生为男篮加油的尖叫声，有多少次看到男生为啦啦操队员们瞩目的眼光。无论你是参加羽毛球队、足篮排队还是田径队，都能够磨练你的意志力，提高心理素质。也有许多同学在高中并没有参加过运动会，大学期间出于种种原因上了赛场而一举成名，享受胜利的喜悦。尤其是在近些年来雾霾的侵袭下，更要保护自己，加强体育锻炼，有体魄，才有未来。

案例：

苏某是某校大一新生，是个自尊心极强又多愁善感的男孩，虽不非常聪明但凭着自己的刻苦努力，在班级的成绩一直名列前茅。经过高考的拼杀，他带着良好的感觉进入大学校园之后，突然发觉自己站在“山顶”的感觉没有了。在高手如云的集体内，昔日那种“鹤立鸡群”的优越感已荡然无存，“众星捧月”的地位变了，升入大学后不久的一次新生摸底考试竟然还不及格，自信心突然坍塌。一个学期过去了，学习越来越吃力，他对自己越来越没信心，成绩也越来越差，生活变得没有规律，食欲不振，经常失眠，到后来竟然想退学。家长实在没办法，把孩子送到了医院看心理医生。

案例中，苏同学患的是适应障碍的心理疾病，其特点是存在长期的不良刺激或对环境的难以适应。此类病人都有一定的人格缺陷，主要症状是情绪障碍：烦恼、抑郁，也有生理功能和行为方面的改变，导致社会功能不同程度地损害。一般来说，能挤过高考独木桥、考上大学的同学，在高中阶段都是学习的佼佼者。老师的青睐，同学们的羡慕，使他们成为同龄人的中心，无形中可能会产生某种过高的自我评价。进入大学后，全国各地成绩优异的佼佼者汇集一堂，相比之下，很多新生会发现自己显得比较平常，成绩比自己更优异的同学比比皆是。这一突然的变化使一些新生措手不及，无法接受理想自我和现实自我之间的巨大差距，一种失落感便袭上心头，一些学生甚至产生强烈的自卑感，开始怀疑自己的能力。

大学生正处于心理“断乳期”，在大学的殿堂中，你会遇到形形色色的人。如何保持良好的心态和健康的心理来面对并解决困难，具备良好的心理素质，不仅直接关系到你的健康，影响你的生活质量，而且会给你的将来产生一系列的重大影响。绝大多数同学在入学之初都是处于正常的心理状态，然而4年大学时光结束甚至不到毕业就表现出种种异常的行为。衡量大学生心理健康的标准主要包括以下几个方面：智力正常；能够正确表达自己的情绪；能够欣赏和接纳自我；人际关系良好；有较强的自制力；保持人格的完整与健康；能动地适应现实环境；心理行为符合大学生的特征。培养大学生心理健康则可从以下几方面着手：了解心理常识；学会自我调适；寻求帮助；学会享受孤独；积极的心态；充实生活等。给自己的心情放个假吧，追求催人奋进，同时也给人带来了无形的压力和无数的烦恼。也许大哭一场、大吼一声、饱餐一顿都是解压的方式，不管遇到多大的困难与挫折，多么沮丧、失落，都要学会自我掌控，及时地抒发、调整自己的情绪，在重压中解放自己，重整行囊，勇敢地面对崭新的明天。

（四）明确上学目的，树立规划意识

假如有人告诉过我，我有朝一日能够成为教皇，那么以前我一定会倍加努力地学习。

——教皇保罗一世

看到这句名言，你觉得教皇大人想告诉我们什么吗？也许，你会觉得他说的是他从没考虑过自己的未来，从未做过任何职业规划，但是由于其到努力，于是终于有一天，上帝扔了一顶教皇的帽子在他脑袋上——大概就像苹果往牛顿的脑袋上砸那样。这难道是真的？我们不妨看看保罗一世在成为教皇之前的人生经历：出生于贫穷的工人家庭，在当地神学院完成青少年时代的学业；大学就读于贵格利大学（Pontifical Gregorian University），一所以教皇的名字命名的大学，在天主教徒眼中其地位与美国哈佛、英国牛津相仿佛；曾任所在教区神学院的副院长，并教授学生教会法规、宗教艺术等课程；任所在教区代理主教；任威尼斯教区主教；任宗教法院枢机主教；

……

看到了吗？这是何等明确的一条职业路线！也许你并不想当一个高高在上的教皇，可是从教皇的事迹里至少可以得出这样的一个结论：天上的好东西不是说掉下来就掉下来的，就算终于有一天你期盼了大辈子的好东西掉下来了，你也要为之做好准备——如果天上掉的是红苹果，最好你的脑子里已经有一个只欠最后一击的奇思妙想；如果天上掉的是大馅饼，你恐怕应该提前练就一个怎么撑也撑不破的胃。

掌握学习方法，夯实基础知识。

第一，学习讲究方法。

毫无疑问，能够考入大学的人，都具有很强的学习能力。但为什么每个专业都有同学挂科，甚至是退学呢？那是因为，到了大学可支配的自由时间太多，你面临的学习任务与中学相比发生了巨大的变化。也许经过你十二年的苦读，你摸索出来的学习方法仍然适合你，但没有一个放之四海而皆准的学习方法来应付所有领域科目。所以，培养一种如何学习的能力、探索事半功倍的学习方法至关重要。

德国哲学家笛卡尔曾说过："最有价值的知识是关于方法的知识"。联合国科教文组织国际教育发展委员会编著的《学会生存》中指出："大学期间，最为重要的任务不在于掌握了多少现成的知识，而在于学会学习；不在于学问有多深，而在于做学问的方法。只有学会了学习的技能，才能面对新知识、遇到新情况而心不发虚，从容应对"。所以大学时代，最重要的是学会学习。大学生活属实是丰富多彩的，你可以参加社团、搞社会实践、埋在图书馆、潜伏寝室、泡着网吧、谈着恋爱、选择兼职、驰骋赛场……可是你不能忘了，你来大学的初衷，为了学习。社会工作、兼职、勤工俭学、社团、社会实践等等，这些仅是你做好学业的前提下，有剩余时间才做的副业。

第二，制定目标规划，合理规划时间。

如果觉得生活很枯燥，这不是大学的错，大学给了我们充分的自由，而是我们没有充分利用好这种自由，没有充分发掘自己的生活。崔永元曾用这样的一段话来评价人生："人生就像饺子，岁月是皮，经历是馅，酸甜苦辣皆为滋味，毅力和信心正是饺子皮上的褶... 被开水煮一下，被人咬一下，倘若没有经历，硬装成熟，总会有露馅的时候！"

韩愈说过："凡事预则立，不预则废。"这里的"预"可理解为一种预见性、计划性。以下小故事，也许可以说明一些问题：

故事：

有什么样的目标就有什么样的人生。这话出自世界顶尖潜能大师安东尼·罗宾之口。仅仅有了方向还不够，还要沿着这个方向设定目标并不断调整目标。澳大利亚的一个草原上草儿长得特别好，羊群规模越来越大。羊为了争夺食物，都不愿意落在后面，开始不断地往前奔跑，到最后所有的羊只想吃到最前面的草而都朝一个方向不停奔跑，结果成批的羊一直跑到草原尽头的悬崖边缘并跳了下去——它们已经完全忘记了自己奔跑的目标是吃草，而把奔跑本身当作了目标。

用一年的时间赢得一生的成功。世界著名投资公司"软银"的创始人孙正义，曾经在23岁时花了1年多的时间来想自己到底要做什么。他把自己想做的40多种事情都列出来，而后逐一地做详细的市场调查，并做出了10年的预想损益表、资金周转表和组织结构图，40个项目的资料全部合起来足有10多米高。然后他列出了25项选择事业的标准，包括该工作是否能使自己全身心投入50年不变、10年内是否至少能成为全日本第一等等。依照这些标准，他给自己的40个项目打分排队，计算机软件批发业务脱颖而出。用十几米厚的资料做事业选择，目光放在几十年之后，这样的深思熟虑，这样的周密规划，注定了他日后的成功。

所以，我们应该有个规划，这个规划可以很粗略，只代表一个大方向。但有个这个方向你就不会感到迷茫和无助，而且只要你朝着这个方向走去，结果一定是柳暗花明又一村。

人生之路随长，但能够起到关键作用的，多半在青年时期。许多人埋头苦干终不能成气候，等到发现方向错了却为时已晚。任何一个成功人士的必要素质中必有规划做以支撑。一个人的全部行动力和成功的所有要素都基于规划。

荀子有言："不积跬步，无以致千里。"短期目标的实现正式为中期、长期目标的实现服务的。进入大学必须有规划意识。现在就认真的思考下：你究竟渴望怎样的人生？请你放下负担，净化心灵，找一片绿地或是一个没有杂音的房间，静静地思考这个问题。接下来，你再想想如何去实现你理想中的人生？记住，一个大目标是由无数的小目标步步前行支撑实现的。

第三，时间管理。

"人的差异在业余。"爱因斯坦这句名言告诉我们：人在八小时内学习的知识、取得成功的概率几乎是相等的。而素质、技能、知识、业绩等方面的差异，在很大程度上取决于对闲暇时光的支配与使用。大学时期是一段最美好的青春岁月，也是一个人的转型时期，你以后的成长经历会深受其影响，希望大学生能更好地把握时间，对自己的大学生涯负责。有效的时间管理，不是让你变成机器人，而是让你更有效地安排时间，减轻工作和学习压力。不是让你有更多的时间，而是让你能更好地利用已有的时间，享受自觉支配时间的自由感。

行为心理学家的研究表明：习惯的形成分为三个阶段：第一阶段：1 ~7 天左右，特征是：刻意，不自然。第二阶段：7 ~21 天左右，特征是刻意，自然。第三阶段：21 ~90 天左右，特征是：不经意，自然。21 天（3 周）以上的重复会形成习惯；90 天（3 个月）的重复会形成稳定的习惯。90 天不短也不长但是形成的好习惯，说不定将会影响我们后面的路。

在实践中管理时间：

首先要学会捍卫时间，勇敢拒绝。大部分人在一天里都会有一段对他自己高效的时间段，在这个时间里，工作的效率、正确性、积极性和关注度都会远超其他时间。记住，你的时间有限，一定不要被不相干的人或事所牵绊住。勇敢地拒绝他人的请求或要求，理性婉转地告知你的计划，并且逃离干扰。大学很多干扰来自寝室，要选择教室或图书馆，学习氛围浓的地点学习。

其次要果断行动。优柔寡断只会浪费时间，迟迟不做决定只会让你更无法下定决心，甚至开始逃避，这必将是个恶性循环的过程。如果计划要通过国家计算机三级考试，那就立刻奔向图书馆、奔向书店，去寻找对你有帮助的书籍。不要磨磨蹭蹭想是先过省级考试再参加国家考试？总之，你努力到什么程度，行动到什么程度，到时候自然会有把握参加哪个级别的考试。

再次，要善用零散时间。宋代文学家苏东坡有这样的诗句："竹中一滴曹溪水，涨起西江十八滩。"汇涓涓细流以成大海，积点滴时间以成大业。事物的发展变化，总是由量变到质变的。"点滴"的时间看起来很不显眼，但这些零零碎碎的时间积累起来却大有用场。

如果养成了不爱惜时间的习惯怎么办？下决心改，实施根治法。"支配时间专家"爱德温·C·布莱斯说："浪费时间的活动就像癌细胞，慢慢吞噬掉你的精力，滋生出某些坏习惯。要想消除它们就得采用根治法。要是你已在做着的事情使你厌烦，妨碍你完成计划，又大大消耗着你的精力，浪费着你的时间，那就彻底摒弃它们!"

最后，要全神贯注，一时一事。人不能太贪婪，对于时间的利用也是如此。既然计划一个时间段要完成某一项工作，那么就全神贯注地投入进去，切不可瞻前顾后，三心二意。这就像是你过马路时手里捧着手机发短信，又要看车，又要看字，还要看灯，岂不危险重重皆由你自身引起？所以，明确时间段，全神贯注的投入，会让你排除过分急躁、过分放松的无畏情绪，这将很大程度上提高你时间的利用率。

二、接触职业概念，憧憬职业旅程

尽管还身在看似与世无争的象牙塔，实际上今天国内职场竞争的程度已经让人感觉到了白热化阶段。虽然高速发展的经济社会带来了许多的工作机会，但随着近几年教育改革高校扩招政策的大力推行，大量持高等学历和资格证书的"职场菜鸟"涌进各人力市场、高级人才招聘会，期望能如愿以偿成为梦想中的"衣着光鲜、生活优质"的城市白领，与此同时，还有许多具有丰富工作经验但不满于现状的职场中人也在随时瞄着各种就业机会。从小老师就教导我们要回报祖国，服务社会。大部分的人也是通过职业来实现对社会、对祖国的回报和奉献。这就不能不让当今的大学生们设身处地地想象下，四年后毕业等待你的是回家"啃老"，继续求学，还是驰骋职场？所以，提早进行职业探索势在必行。

（一）博览职场案例，寻求榜样动力

法国有一句谚语：启事在教诲，成事在榜样。实际上，榜样的力量是无穷的，它具有强大的感染性，激励着我们每一个人不断前行。职业规划也是如此，它不但能够加深同学们对职业生涯规划重要性的理解和认识，而且从中吸取成功人士的经验，能够更好地指导自身职业规划。博览职场案例，有助于引起同学们的共鸣，尤其是同龄人的案例，更具有时代性，他们所取得的成就更能引起同学们在思想的认同和心灵上的共鸣，更有"杀伤力"。社会的发展需要榜样的作用，需要正能量的传递。不同职业案例故事的多样性会更具有感染力和生命力，为你们的职业生涯规划提供借鉴，同时能够让你们懂得"三百六十行，行行出状元"的成才道理。

当那些榜样人物已经驶入梦想的彼岸，还在充满着惊涛骇浪的梦想海洋中蹒跚前行的我们，没有失望和气馁，也没有悲观和痛苦，因为，我们始终相信，追随我心，下一个，

成就梦想的就是你自己！所以，请你抽出一定的时间来增加你的阅历，学习一些成功人士的职业生涯规划案例，刺激你心灵深处等待奋发的韧劲，激励你勇往直前。

（二）了解就业形势，洞察就业缺口

大一与大四，离就业一样近！表面上大学生的就业是在大四时进行的，其实大四只是大学的一个收获时期，大学的学业与大学就业整体地联系在一起。可以说，是你在大四以前的行为决定了你大四时所面临的境况。刚步入大学的新生们，你们应该迈入招聘现场，搜集下就业信息。一般来讲，每所大学都要举办两场校园招聘会，统称“校招”，一次在11月份左右，一次在4月份左右。很多学校为了保留自己学校的学生能够顺利毕业，是不允许外校学生进入招聘会现场的。既然学校都要保住“自家肥水不流外人田”，可见就业的严峻性。你大可不必走出校门，就可以了解到当今的就业形势。随着网络时代的发展，你也可以用互联网来搜寻大学生就业形势。或者更直接，更真实地问大三、大四的学长学姐们，就业如何。你们必须未雨绸缪，“先下手为强”。及时认识到大学生就业的严峻性和紧迫性，为将来自身做好充足的打算。近几年大学生就业状况，如表1-1所示。

表1-1　大学生的就业状况　　单位/万人

年份	2010	2011	2012	2013	2014	2015	2016
毕业生人数	630	660	680	699	710	749	765
待业人数	400	420	430	450			

（三）挖掘兴趣爱好，设想职业领域

在人的一生当中，职业的选择占有非常重要的地位。正确的职业选择可以为我们带来成功的喜悦，错误的职业选择也许会带来终生的遗憾。当然，职业选择并不是一次定终身，可能还有第二次、第三次，但必须珍惜每一次选择，特别是第一次选择，是人生道路的重要一步，会影响人的一生。如果能在兴趣中选择自己的职业，那将是人生一大幸事！

部分大学生在入学之前便已经专注偏好某些领域，那么对于兴趣意识模糊的同学们，既有必要在老师的指引下寻找、培养自身的兴趣爱好，也有必要通过自身努力参加活动实践从中寻求培养自己的兴趣方向。

第一，辅导员的正确引导和鼓励。辅导员是同学们在学校中最可信赖的人，大一的你要及时跟辅导员沟通交流，他会耐心的聆听你的心声，并会及时地对同学们讲述各种业余爱好，这些案例或是兴趣特性将对提高你综合素质给予积极的帮助作用，同时你可以从辅导员那里知道用人单位对有特长毕业生的青睐，使你正确地认识到业余爱好的意义，从而倡导同学们培养各种爱好。

第二，团委组织和专业教师的耐心指导。业余爱好作为一种课外活动，多数是凭学生自己的兴趣而自发地练习的，缺乏计划性、目的性、针对性和系统性，即使有不对的地方，学生自己也不能及时发现和纠正。这时需要统一组织训练并有相关教师进行指导，这样将会事半功倍。尤其是专业教师，他们凭借数十年的教学经验，工作经验，绝对会给你一个专业性的见解，让你豁然开朗。

第三，参加大学生的实践活动。实践活动的经常性成功，可以使人们的需要不断地得到满足，使人们的兴趣得以巩固和发展。实践活动可以巩固和发展某些兴趣，也可以改变某些兴趣。许多学校组织学生，参加课外的航空模型小组、无线电爱好者小组、数学小组、乒乓球队、小足球队等活动，激发同学们的求知欲，从而获得某方面的新知识，可以巩固和发展同学们的兴趣，迈出重要的一步，来参加吧！

第四，专业知识的学习。当你专注于学习时，你也许会发现比较喜欢某一领取的知识，或是愿意涉及学习这一领域更深层次的知识，这会发现你的兴趣所在。不要拿“看电影、听歌、逛街、上网游戏”称作“兴趣”，那些只是你当时的消遣。如果你真的能够研究学习网游的开发与制作，市场的营销策略，注重研究产品或产业的发展过程，而不是运用、享受产品，那才算是对专业知识感兴趣。

知识拓展：

大学应做的100件事

大学，是我们由幼稚走向成熟的地方，在此，有酸甜苦辣，有欢笑和泪水，有成功和挫折。更有许多学长学姐用汗水与泪水总结的很多经验。在大学，我们应认真学习专业知识，拓展自己的知识面，培养自己的能力。希望大家能够认真阅读下面建议，也希望这些经验能够真正的帮到大家，对大家有所帮助。希望大家在即将到来的大学生活和学习中，树立良好的心态，充满信心，凭借自己的头脑和双手，做好自己的各项计划，合理安排时间，充分利用资源，依靠自己的努力和奋斗，相信自己，成功终将属于你！

关于入学

①不再让父母为你打包行李。知道自己应该带什么、知道自己的东西放在哪里。做一个整洁细致的人。

②从第一天起，自己完成报道的各项填表注册缴费。因为你将来还要完成更多的填表注册缴费。

③忘掉高考分数，报道用完的通知书压在抽屉底端。在新的学校，优秀需要重新再证明。

④整理好自己的钱包，习惯自己带好各项钱卡证明的日子。

⑤如果你需要申请贫困生贷款，不要有所顾虑。提前办好证明，通过刻苦学习提高自己，然后堂堂正正的来还这笔钱。

⑥试着客观的看待自己。

⑦为自己做好规划。保证今天和昨天不一样，习惯充实的生活而不是浑浑噩噩，尽量早起。

⑧提前联络同门师姐师兄，开学前和他们吃一次饭、聊一次天，以后一定会感谢这个决定。

⑨上第一堂专业课之前，做好预习。毫无基础的进入某些学科，可能会有点难度。

⑩很多人离开的时候会感慨再从第一天来一次多好，所以能做到的只是从第一天就好好把握。

关于宿舍

⑪不轻信新生季来寝室敲门兜售杂志物品信用卡的人。

⑫如果抱怨宿舍干扰大，就去图书馆。勤奋的人可以自己改变劣势环境。

⑬分享拥有的资源。分享小零食、讲座信息、美食地图……还有，和愿意倾听的人分享喜悦与烦恼。

⑭整理好自己的床铺桌面。保持周围的环境是让人想学习而不是想慵懒的环境。

⑮习惯和别人分享生活空间。

⑯理解每个人，每个人的成长轨迹都有别人轻易不能更改的印记，不以自己的标准衡量每个人。

⑰贵重物品和各种密码自己保管好。

⑱遵守学校的用电规章、作息要求、门禁时间。

⑲寝室有人睡觉不要大声敲键盘，有电话勤快一点到走廊接，半夜发短信静音。

⑳珍惜每一次和室友聚会、唱 K、游玩的机会。可能的话，合影留念。那是属于你们自己的珍贵记忆。

关于社团

㉑至少参加一个社团，结识一群不同的人。

㉒试着做一个管理与组织者，真正试着在自己手里完成一个项目。

㉓不后悔那些用尽全力最后却失败的尝试。失败的经验反而可能是最宝贵的。

㉔吃苦一次，忍耐一次，坚持一次。大学社团里，很多事情都是将来职场上可能遇到的现实情况的提前演练。

㉕即使退出社团，也和这一群朋友保持联络。这是一群有热情、有冲击、志同道合的朋友。

关于学习

㉖爱自己的学校。如果只能用负面词汇描述你的学校，那么不是大学抛弃了你，而是你没有善待你的大学。

㉗尊重每个老师。即使你觉得你比他高明或是课堂太无趣，都不应该打断、干扰课堂的秩序。

㉘熟练掌握办公软件和自己专业基本的软件技能。太多的实习生掌握办公软件的贫弱令用人单位惊讶。

㉙坚持背单词。觉得英语能力差可以被其他方面的优秀弥补的人，大多数到就业季都后悔了。

㉚除了考试，其他时候也要找机会写字。许多人高中一笔娟秀的字迹上了四年大学就泯然众人。

㉛不要挂科。挂科或完成不了本专业必须的考试，会让你毕业后眼巴巴的看着很多机会白白溜走。

㉜如果你去自习室或图书馆，尊重来学习的人。情侣打闹、朋友聊天、大声说话、游戏娱乐都是不应该发生的行为。

㉝熟悉自己专业的热门事件、活跃人物、权威著作、最新声音。

㉞大学里更多时候评价你的能力不仅仅是你的分数，但你的分数至少要保持在平均水平。

㉟如果你对自己的专业确实不满意，尽快了解转系与跨系保研相关政策，用更多的时间去旁听、自学，第二次选择本就比别人绕远，一旦选择一定坚持下去。

㊱如果你决定买电脑，最好不要把它变成影碟机或游戏机。

㊲熟悉图书馆，习惯清苦的读书生活，保持高中般旺盛的学力。

㊳更多的与优秀的人在一起。你会发现你的眼光、思考、态度都与以前不同。

㊴不要逃课，逃了一次就有第二次。

㊵上课前下课后可以帮老师擦一下黑板。无关谄媚与义务种种。

㊶不要怕提问。课上或课间，和老师交流你的疑问，或许会让你从一知半解到茅塞顿开。

㊷上课关闭手机或将手机设置为无声或震动。

㊸考证是大学生充电的选择。从低年级就开始了解自己向往的职业需要的资格证明，早做准备。

㊹别相信厕所里写的“英语四级答案”的电话。自己准备，完成考试。

㊺你会听到很多类型的讲座，但别完全相信并效仿那些激动人心的机遇。机遇只留给有准备的人。

㊻不要轻易放弃求学的机会。当你想要创业的时候，想想这次冒险是否值得你选择放弃学业。

㊼学会判断自己。我是学术型人才？还是公关型人才？每件事都尝试，这个问题的答案可能在大二下学期就很明显了。

㊽解决问题不一定有捷径，但一定有方法。许多你经历过的磕绊本可以避免，给师兄师姐打个电话，到老师办公室里坐一坐，你会发现你的困难无数人也遇到过。

㊾不要停止读书，书向你展现的世界远比你个人经历的要广阔丰富。

㊿知道每门课每周的学习进度。吃力的课程，课下多花时间预习与吃透课程。

(51)养成自己查看各项政策通知更新的习惯，拓宽自己的信息渠道。

(52)合理规划自己的支出收入，做一个有经济计划的人。

(53)适度消费，不盲目攀比，不为经济上暂时的缺失而焦虑。

(54)给家里亲人打电话的理由不要仅仅只是“要钱”。

(55)尽早经济自立。但是如果副业与兼职影响了你更好提高自己，眼光短浅地“挣钱”并不是明智的选择。

(56)和室友一起出行、游玩的时候，消费的选择应考虑整个寝室的平均水平。

(57)和同学朋友一起在外花钱的时候不要太小气，也不要太“大方”。

(58)花在书上的钱不要吝惜。

(59)如果大学的时候养成大手大脚的消费习惯而刚毕业的工资难以延续这种标准，会十分痛苦。

(60)毕业的时候去卖书。看到师弟师妹，把书塞给他们。亲手送走自己的回忆和历史，夕阳西下拎着空箱子和同学吃最后一顿饭。

关于恋爱

(61)不要相信别人的爱情喜剧悲剧论，忠于自己对自己的期许，相信自己对对方的判断。

(62)恋爱并不应建立在大笔经济消费的基础上，两个人应该正视对方的经济水平。

(63)不要过早在外在修饰上下太大工夫，腹有诗书气自华。

(64)不要怕受伤，不要留下遗憾。每个人都是学着去爱。

(65)最理想的爱情是和另一半一同走向优秀。

(66)——不告白我会遗憾么？——会。

(67)分手不出恶言。

(68)永远不是要因为寂寞而恋爱，你可能错过那个对的人。

(69)即使最后分手了也要好好祝福对方。

(70)即使到最后还是一个人，也没什么遗憾。

关于身体

(71)坚持锻炼，“坚持下去就有效”的说辞中，这一条是最不会辜负你的。

(72)不到万不得已，不要养成熬夜的习惯。

(73)早起能为你争取比别人多很多的时间，还能给你一天的好状态。

(74)如果你大学的时候就把身体耗完了，到了工作你可能会很快坚持不住。

(75)女生不要过度减肥、节食瘦身。

(76)男生如果能从大一开始维持中学打球的频率，工作后会和大学开始不锻炼的男生体型有巨大的区别。

(77)照顾自己的饮食，每一餐都应对得起自己的身体。

⑱坚持吃早餐。

⑲体能状态是一切的基础。事倍功半还是事半功倍，有时候就在于此。

⑳不要靠咖啡、香烟来硬维持自己的精力。

关于心理

㉑大学里，评价一个同学的不只有分数，社交外联能力、组织策划能力、公关协调能力等，都能赢得赞赏。

㉒发生任何事情你都是没有走到绝境。再坚持一下，或等待时间来风化。

㉓遇到困难，求助并不丢脸或可耻。

㉔不要计较你的出身。你可以通过你的努力改变你和你的父母的命运，尽管这很艰难。

㉕无论何时不要自暴自弃。再试一次，再试一次。

㉖不公平无处不在。努力学着改变。愤怒与咒骂是最卑微无力的应对。

㉗当一个平庸的大学生很容易，不容易的是做独立的自我。

㉘不要轻易发火，学会控制自己的情绪是一个成年人的开始。

㉙走出宿舍、扩大自己的社交面。

㉚家庭是你的避风港。不论什么时候，记得你有一个可以回去的地方。

关于成长

㉛学会独立面对。你可以随时寻求父母师长或朋友的帮助，但是记住，未来的路要靠自己了。

㉜开始关心社会，很快你将投入其中。

㉝控制自己的情绪，避免造成不可挽回的局面。

㉞豁达对待成败，不再患得患失。

㉟不再单纯用“好”和“坏”来判断人、事。

㊱会为《老男孩》中梦想的失落而痛哭，但也已经明白单单有梦想还远远不够。

㊲更加理解父母，像他们关心自己一样关心他们。

㊳找到一种可以伴你终生的兴趣，这样心灵才不会寂寞。

㊴掌握一项专业技能，不要等到毕业才抱怨。

⑩即使有遗憾，并不过于悔恨。告诉自己我尽力了，我失去了也得到了。这是属于我的大学。

第二章　职业初印象

科学合理的职业生涯规划是每一个大学生就业前的必要准备工作，也是每一个大学生职业发展过程中的必然要求。我们每个人都应该知道自己适合做什么，应该做什么，以及怎样实现自己的目标。职业生涯规划的意义在于适合自身发展需要的职业，实现个体与职业的匹配，使个体价值最大化。面对严峻的就业形势，大学生们有必要按照职业发展规划理论加强自身认识与了解，找出自己感兴趣的领域，确定自己能干的工作，明白自己的优势，其中最重要的是明确人生目标，即给自我人生定位。

生涯故事

这是一个关于四只毛毛虫的故事。毛毛虫都喜欢吃苹果，有四只关系很好的毛毛虫，都长大了，各自去森林里找苹果吃。

第一只毛毛虫跋山涉水，终于来到一棵苹果树下。它根本就不知道这是一棵苹果树，也不知树上长满了红红的可口的苹果。当它看到其他的毛毛虫往上爬时，稀里糊涂地就跟着往上爬。没有目的，不知终点，更不知自己到底想要哪一种苹果，也没想过怎么样去摘取苹果，只好一切全凭运气了。

第二只毛毛虫也爬到了苹果树下。它知道这是一棵苹果树，也确定自己的目标就是找到一个大苹果。问题是它并不知道大苹果会长在什么地方？但它猜想：大苹果应该长在大枝叶上吧！于是它就慢慢地往上爬，遇到分枝的时候，就选择较粗的树枝继续爬。于是它就按这个标准一直往上爬，最后终于找到了一个大苹果。这只毛毛虫刚想高兴地扑上去大吃一顿，但是放眼一看，它发现这个大苹果是全树上最小的一个，上面还有许多更大的苹果。更令它泄气的是，要是它上一次选择另外一个分枝，它就能得到一个大得多的苹果。

第三只毛毛虫也到了一棵苹果树下。这只毛毛虫知道自己想要的就是大苹果，并且研制了一副望远镜。还没有开始爬时就先利用望远镜搜寻了一番，找到了一个很大的苹果。同时，它发现当从下往上找路时，会遇到很多分枝，有各种不同的爬法；但若从上往下找路时，却只有一种爬法。它很细心地从苹果的位置，由上往下反推至目前所处的位置，记下这条确定的路径。于是，它开始往上爬了，当遇到分枝时，它一点也不慌张，因为它知道该往哪条路上走，而不必跟着一大堆虫去挤破头。最后，这只毛毛虫应该会有一个很好的结局，因为它已经有了自己的计划。但是真实的情况往往是，因为毛毛虫的爬行相当缓慢，当它抵达时，苹果不是被别的虫捷足先登，就是苹果已熟透而烂掉了。

第四只毛毛虫可不是一只普通的虫，做事有自己的规划。它知道自己要什么苹果，也知道苹果将怎么长大。因此当它带着望远镜观察苹果时，它的目标并不是一个大苹果，而是一朵含苞待放的苹果花。它计算着自己的行程，估计当它到达的时候，这朵花正好长成一个成熟的大苹果，它就能得到自己满意的苹果。结果它如愿以偿，得到了一个又大又甜的苹果，从此过着幸福快乐的日子。

启示

第一只毛毛虫是只毫无目标，没有自己人生规划的糊涂虫，不知道自己想要什么。遗憾的是，我们大部分的人都是像第一只毛毛虫那样活着。

第二只毛毛虫虽然知道自己想要什么，但是它不知道该怎样去摘得苹果，在习惯中做出了一些看似正确却使它渐渐远离苹果的选择。

第三只毛毛虫有非常清晰的人生规划，也总是能做出正确的选择，但是，它的目标过于远大，而自己的行动过于缓慢，成功对它来说，已经是明日黄花。

第四只毛毛虫，它不仅知道自己想要什么，也知道如何去得到自己的苹果，以及得到苹果应该需要什么条件，然后制定清晰实际的计划，在望远镜的指引下，它一步步实现自己的理想。

其实我们的人生就是毛毛虫，而苹果就是我们的人生目标，我们都得爬上人生这棵苹果树去寻找未来。要想得到自己喜欢的苹果，就请做第四只毛毛虫吧！

追求自我价值的实现、事业的成功是许多人一生的奋斗目标，但并非每一个都能够达到人生的最高境界。其差别就在于你能否清晰地认识自我，了解职业。你今天站在哪里并不重要，但是你下一步迈向哪里却很重要。你不仅知道应该做什么，你还要知道不该做什么。对于那些能够在人生道路上设计好自己的人生，不放松学习，时刻保持一颗进取之心，同时不断总结经验的人而言，成功不再是一件难事。

第一节 职业概述

对于每一个身心健康的个体来说，职业经历是不可或缺的。了解职业本身、职业对个体的影响以及职业对个体素质的要求，对成功的职业经历是十分必要的。

一、职业的定义

所谓职业一般是指人们在社会生活中所从事的以获取物质报酬作为自己主要生活来源，并能满足自己精神需求，在社会分工具有专门技能的工作。选择并从事一定职业，对每个人都非常重要。它是人们安身立命的基础，是个人价值转化为社会价值的载体，是一个社会地位的一般性表征。

二、职业的要素

中国科学院陈婴婴博士认为，职业是由五个要素构成的：第一，作为职业符号特征的职业名称；第二，工作的对象和内容；第三，承担这些工作所需要的资格和能力；第四，通过这些工作取得的各种报酬；第五，在工作中建立的与其他社会部门或社会成员的联系。

三、职业的特点

人们的职业劳动不仅为个人谋生，同时也是尽社会义务。一个人通常只能从事一种具体的劳动，不可能生产出个人所需要的所有生活资料，人和人之间是相互依存的，需要用自己的劳动成果与别人的劳动成果进行交换。通过交换，在满足自己需要的同时，也满足其他社会成员的需要，从而起到为他人服务的作用，对国家和社会也做了贡献。在人的一生中，职业生活占有重要位置。职业活动对于人的个性发展有着至关重要的影响。人们接受教育所获得的知识和能力，通过职业劳动发挥出来，产生社会作用。人们在职业劳动的实践中，使自己的体力、智力、知识和技能的水平不断得到发展和完善。

根据职业产生与发展的历史及其对人类社会发展的影响，职业具有以下特征：

（一）产业性

一个国家，一个社会，就业的方面可以分为三类产业。第一产业和第二产业都是物质生产部门，第三产业虽然并不生产物质财富，但却是社会物质生产和人民生活必不可少的部门。在传统农业社会，农业人口比重最大；在工业化社会，工作领域中的职业数量和就业人口明显增加；在科学技术高度发达和经济发展迅速的社会，第三产业职业数量和就业人口显著增加。

（二）行业性

行业是根据生产工作单位所生产的物品或提供服务的人的不同而划分的，它按企业、事业单位、机关团体和个体从业人员从事的生产或其他社会经济活动性质的同一性进行分类。一种行业的职业内部，其劳动条件、工作对象、生产工具、操作内容相同或相近。由于环境的统一，人们就会形成统一的行为模式，有共同的语言习惯和道德规范。不同职业间存在很大的差异，劳动条件、工作对象、工作性质等都不相同。随着社会的进步和发展，新的职业（如经纪人等）将会不断涌现，各种职业间的差异也会不断变化。

（三）职位性

职位是一定的职权和相应责任的集合体。职权和责任是组成职位的两个基本要素。职权相同，责任一致，就是同一职位。在职业分类中，每一种职业都含有职位的特性。从社会需要的角度来看，职业并没有高低贵贱之分，但是，现实生活中由于对从事职业的素质要求不同，以及人们对职业的看法或舆论的评价不同，职业便有了层次之分。这种职业的不同层次往往是由不同职业体力、脑力劳动的付出，收入水平、工作任务的轻重、社会声望、权力地位等因素决定的。

（四）组群性

无论以何种依据来划分职业都带有组群特点。如科学研究人员中包含哲学、社会学、经济学、理学、工学、医学等学科的工作者；咨询服务事业包括科技咨询工作者、心理咨询工作者、职业咨询工作者等。

（五）时空性

随着社会的发展和进步，职业变化迅速，除了不断更新外，同一种职业的活动内容和方式也会发生变化，所以职业的划分带有明显的时代性，不同时代有不同的热门职业。我国曾出现过的“当兵热”、“从政热”，后又发展到“下海热”、“外企热”等，都反映出特定时期人们对某种职业的热衷程度。

四、职业的功能

职业是人与社会联系的纽带。不同的职业把劳动者区分在不同的职业岗位上，相互合作。就其功能（价值取向）而言，正如黄炎培先生所概括的，职业是“为己谋生，为群服务”，这是职业不可分割的两面。

（一）职业对社会的功能

职业一旦产生就在社会中独立存在，成为人们认识、选择、从事和发展的对象。职业具有重大的社会意义，其意义和作用在于以下几个方面：

（1）职业的存在和职业活动构成了人类社会的基本框架；

（2）职业劳动创造出社会财富，从而为社会的存在和发展奠定物质基础；

（3）职业的分工是构成社会经济制度运行的主体；

（4）职业也是维持社会稳定，实现社会控制的手段；

（5）职业的运动（如职业结构的变化、职业层次间矛盾的解决）是推动社会进步的一种动力。

（二）职业对个人的作用

职业对于个人的发展也是十分重要的。人作为社会成员，其需要是多方面的。

（1）职业是谋生的手段，个人通过职业实现个人和家庭生存的需要。“民以食为天”，解决好就业问题，是个人安危立命之本，是人最根本的需要。

（2）职业使人获得对社会、行业、集体、单位的归属感，提供一个最经常的社交场所，满足人们对归属感和爱的需要。个人的价值不通过社会职业是不可能表现出来的。择业的成功和职业上的成就，能够满足人们实现社会价值的需要，成为在社会中有所作为的人，获得成就感，满足受到社会尊重的愿望。

（3）职业是促进个性发展的手段。世界上没有完全相同的人，这种个体差异有先天的生理和心理上的差异，更主要的是由后天环境、教育、机遇特别是职业所形成的，从事不同职业的人各有特质。人们可以通过对职业的选择，发挥自己的特长，满足自己的兴趣，实现自己的理想，满足自己展示个性的需要。同时，人们根据社会发展和职业的需求，不断完善自我，促进自我的全面发展。

五、职业的分类

社会分工是职业分类的依据。在分工体系的每一个环节上，劳动对象、劳动工具及劳动的支出形式都各有其特殊性，这种特殊性决定了各种职业之间的区别。

根据国际职业分类词典的介绍，现代社会职业分类有一万多种。如此众多的职业岗位，是在社会分工和劳动分工的基础上划分的。社会分工是指“由于生产发展需要而引起的国民经济各部门之间的分工，也包括各部门内部的分工。”

（一）职业分类的形象描述

这里对职业的分类做一个形象的描述。

（1）曙光职业：如心理咨询师、职业生涯辅导师等。

（2）朝阳职业：如人力资源经理、市场营销经理等。

（3）如日中天的职业：如IT界的编程人员等。

（4）夕阳职业：如公交车售票员等。

（5）黄昏职业：如送煤工、掏粪工等，现在极少看到了。

（6）流星职业：如传呼台的传呼小姐，曾经有很多人做这项工作，但这个职业现在基本上不存在了。

（7）恒星职业：教师、医生等。自从人类有文明记载以来，几乎是几千年一直存在的职业。

那么，在选择职业的时候，最好选择什么样的职业呢？

专家建议：大学生在选择职业时，尽量选择朝阳职业、如日中天的职业。如果选择了一个曙光职业，则需要更大的勇气，因为自己可能是这个职业的一个开拓者。而黄昏职业、夕阳职业则尽量不要选择。

（二）我国的职业分类

根据不同标准，我国的职业可有不同的分类方法。如从行业上划分，可分为一、二、三产业，从工作特点上划分，可分为务实（使用机器、工具和设备的工种）、社会服务、文教、科研、艺术及创造、计算及数学（钱财管理、资料统计）、自然界职业、管理、一般服务性职业等10多种类型的职业。每一种分类方法，对其职业的特定性都有明确的解释，这对于更好地掌握某一职业的特点、去选择适合自身的职业有指导作用。

目前，我国的职业分类主要依据的分类标准有以下四种。

第一种是根据国家统计局、国家标准总局、国务院人口普查办公室1982年3月公布，供第三次全国人口普查使用的《职业分类标准》。该《标准》依据在业人口所从事的工作性质的同一性进行分类，将全国范围内的职业划分为大类、中类、小类三层，即8大类、64中类、301小类。其8大类的排列顺序是：

第一类，各类专业、技术人员；

第二类，国家机关、党群组织、企事业单位的负责人；

第三类，办事人员和有关人员；

第四类，商业工作人员；

第五类，服务性工作人员；

第六类，农林牧渔劳动者；

第七类，生产工作、运输工作和部分体力劳动者；

第八类，不便分类的其他劳动者。

在八个大类中，第一、二大类主要是脑力劳动者，第三大类包括部分脑力劳动者和部分体力劳动者，第四、五、六、七大类主要是体力劳动者，第八类是不便分类的其他劳动者。

第二种是国家发展计划委员会、国家经济委员会、国家统计局、国家标准总局批准，于1984年发布并于1985年实施的《国民经济行业分类和代码》。这项标准主要按企业单位、机关团体和个体从业人员所从事的生产或其他社会经济活动的性质的同一性分类，即按其属性行业分类，将国民经济行业划分为门类、大类、中类、小类4级。门类共13个：a. 农、林、牧、渔、水利业；b. 工业；c. 地质普查和勘探业；d. 建筑业；e. 交通运输业、邮电通信业；f. 商业、公共饮食业、物资供应和仓储业；g. 房地产管理、公共事业、居民服务和咨询服务业；h. 卫生、体育和社会福利事业；i. 教育、文化艺术和广播电视业；j. 科学研究和综合技术服务业；k. 金融、保险业；l. 国家机关、政党机关和社会团体；m. 其他行业。这两种分类方法符合我国国情，简明扼要，具有实用性，也符合我国的职业现状。

（三）国外的职业分类

世界各国国情不同，其划分职业的标准也有所区别。根据西方国家的一些学者提出的理论，在国外职业一般有三种类型的分类方法。

1. 按脑力劳动和体力劳动的性质、层次进行分类

如美国的职业分类方法之一把工作人员分为两大类，一类为白领工作人员，另一类为蓝领工作人员，即通常所讲的白领阶层与蓝领阶层。

白领工作人员包括：①专业性和科技性的工作，如会计师、建筑师、计算机专家、工

程师、医生、教师、科学家、作家等；②农场以外的经理和行政管理人员；③销售人员；④办公室工作人员。

蓝领工作人员包括：①手工艺术及类似工人，如木匠、砖瓦匠、油漆工等；②农场以外的工人，如饲养人员、建筑工人、垃圾工、伐木工等；③服务性行业人员，如清扫服务工、农场工人、私人服务人员等。这种分类概括简要，但明显表现出职业的等级性。

2. 按心理的个别差异进行分类

如美国著名的职业指导专家约翰·霍兰德（John L. Holland）创立的人格职业类型，把个性心理特征与职业类型二者统一了起来，便于实施职业指导。如企业型的适合去企业，艺术型的可以去做乐队指挥、音乐教师等，研究型的可以从事科学研究、做工程技术人员等。这种分类方法能使从业者在心理上得到满足，充分发挥创造性进而提高工作效率。但在择业或实施职业指导时，必须采取严格准确的心理测试。况且人的个性心理特性和职业都是发展变化的，也很难用固定的格式把人与职业匹配起来。比如企业型，他的人格特征是偏好说服、操纵、指导他人，重视物质成就和社会地位，拥有销售和说服能力，缺乏科学能力。那么他应当选择的职业应该是项目经理、零售商、政府官员、企业领导或者是律师等。

3. 依据各个职业的主要职责或所从事的工作进行分类

这种分类方法较为普遍，以两种典型为例。其一是国际标准职业分类，国际标准职业分类把职业由粗至细分为 4 个层次，即 8 个大类、83 个小类、284 个细类、1506 个职业项目，总共列出职业 1881 个。其中 8 个大类是：①专家、技术人员有关工作者；②政府官员和企业经理；③事务工作者和有关工作者；④销售工作者；⑤服务工作者；⑥农业、牧业、林业工作者及渔民、猎人；⑦生产和有关工作者、运输设备操作者和劳动者；⑧不能按职业分类的劳动者。这种分类方法便于提高国际间职业统计资料的可比性和国际交流。其二是加拿大《职业岗位分类词典》的分类，它把分属于国民经济中主要行业的职业划分为 23 个主类，主类下分 81 个子类、489 个细类、7200 多个职业。此种分类对每种职业都有定义，逐一说明了各种职业的内容及对从业人员在普通教育程度、职业培训、能力倾向、兴趣、性格及体质等方面的要求，有较大的参考价值。

六、我国经济的变化与发展对大学生就业的影响

（一）产业结构的调整对就业的影响

随着我国改革的不断深入和经济的发展变化，产业结构调整速度加快，三大产业的就业结构也随之发生了较大的变化。从世界范围来看，从事第一、第二产业的人数相对减少，从事第三产业的人数在不断增加。如美国 1982 年从事第三产业的人数已占就业总人数的 70%，第二产业的人数占 24%，第一产业的人数只占 6%。我国也是如此，第一产业的劳动力就业比重正在逐年下降，第二、第三产业的就业比重在继续调整，从发展趋势

看，第三产业的劳动力就业比重将继续上升。产业结构的调整会导致某些产业的行业性亏损，那些存在着生产能力过剩、产品技术含量过低、经营管理不善等问题的行业，将会出现比较严重的就业困难，就业人数将会减少。同时，产业结构的调整也会使某些行业得到迅速发展，如第三产业的文化艺术、交通运输及邮电通信、金融保险、社会服务等，这些行业的就业人数将会明显增加。大学生在求职择业过程中，要密切注意社会经济发展的新动向，了解社会职业需求的新变化，把握和顺应我国产业结构发展的新趋势，转变择业观，不断拓宽就业门路。

（二）所有制结构变化对就业的影响

社会主义所有制结构的调整和市场经济体制的逐步完善，为大学生求职择业提供了一个良好的社会环境和更为广阔的天地。改革开放前，我国的所有制形式单一，就业渠道较窄，人们求职择业时追求“大而全”（大城市、大单位、全民所有制），认为只有如此才算就业，否则，就低人一等或者不算就业。近几年来，我国本着解放思想、实事求是的精神，不断调整所有制结构，形成了公有制为主体、多种所有制经济共同发展的新格局。非公有制经济的存在和发展，使大学毕业生的就业门路大大拓宽，就业观念正在逐步改变。到国家机关、国有企业工作就是就业，到私营企业工作也是就业，到城市工作是就业，到乡镇工作也是就业。从近几年的就业情况来看，毕业生到国有企业就业的比例比以往大大下降，而到私营等企业工作的比例则呈明显上升的趋势。毕业生自己开公司的例子数不胜数。国有、集体企业吸纳就业能力已呈减弱趋势，而其他经济单位和城镇私营、个体经济组织从业人员的就业人数快速增加，成为吸纳就业的新增长点。

（三）社会经济的发展对就业的影响

社会经济的发展给职业的发展带来了很大的变化，职业的分化、兴衰在加快，这势必会对大学生的就业产生影响。

社会经济的发展促进了职业门类的分化，这种由简单到精细的分化对任职者的要求越来越专业化。例如，一些职业要求任职者必须持有上岗证或者资格证书等。因此，当代大学生只有不断提高自己的专业知识和专业技能，才能适应这种变化。

由于科学技术的进步和经济的发展，许多与时代、经济发展不相符的职业逐渐被淘汰，同时又有大量的新职业诞生。世界性的统计结果表明，现在每年有500种职业被淘汰，而有600种新的职业诞生。新职业种类的大量出现，扩大了大学生的就业范围。同时，随着不同类别职位数量比例的变化，大学生在择业时的职位目标也相应变化。

社会经济的发展，使职业的发展方向出现多元化，这打破了过去职业之间相对固定的界限。职业与职业之间相互交叉延伸，界限越来越模糊。新兴职业对任职者的综合素质要求越来越高。因此，当代大学生必须全面提高自己的综合素质，才能适合职业要求的不断变化。

总之，我国的改革和经济的发展，促进了职业种类的迅速增加和职业要求的不断变化，这一发展变化在给大学毕业生提供更多选择职业机会的同时，也对其提出了更高的要求。因此，为了保证能在将来毕业时选择到自己喜欢的而又适合自己的职业，在校学习期间，就应通过刻苦努力的学习，尽可能扎实地掌握各门专业知识和技能，不断提高自己的综合素质。

七、职业对人才素质的基本要求

（一）职业对人才的基本要求

1. 诚实守信

诚实守信是处理人与人之间关系和经济活动关系的一项最基本的行为规范。诚实就是要言行一致，表里如一，不弄虚作假；守信就是要言而有信，一诺千金，不背信违约。在职业活动中，特别是在市场经济条件下的职业活动中，诚实守信具有十分重要的意义。温州曾是我国个体经济最早发展起来的地区，但是昔日的温州曾名声狼藉，温州货难以获得国人的信任。但是，到了20世纪90年代，温州人醒悟了，假冒伪劣得到了有力的铲除，温州的月亮圆了起来。温州货以价廉质优，再次获得了国人的信任，温州人“发”了起来，温州成了我国率先富起来的地区之一。

古人云：“言而无信，行之不远。”诚信是职业人成功的基础。一个缺乏职业道德的人，他的信用等级不会很高。在不断完善的信用体制中，任何信用缺失的行为都将付出沉重的代价。职场中职业人的信用，也代表着其所在组织的信用。如果组织的信用因为员工的个人信用蒙受损失，将会带来个人无法挽回的结果。在未来社会中，信用就是金钱。富兰克林说：“假如你是个公认的节约、诚实的人，你一年虽只有六磅的收入，却可以使用一百磅。”富兰克林把具有信誉的诚实人，评价为具有巨大潜力的人，这种思想后来逐渐成为美国社会普遍的生存哲学，深深根植在职业人心中。

信用就是遵守诺言，实践约定，从而取得别人对你的信任。信用等级的降低意味着你在职场上的路越走越窄，终将为不诚实付出巨大代价。诚信体现在日常的工作中，对于约会的不守时，无正当理由的爽约，不兑现承诺等都是非职业化的行为。既然承诺了，就要对其过程和结果负责任，这也是作为一个职业人必备的基本常识。

2. 爱岗敬业

据2012年6月2日中央晚间新闻报道，2012年5月29日晚，杭州长运客运二公司快客司机吴斌，驾驶大客车在高速公路上正常行驶，被对面车道上突然飞来的铁块击中，造成肝处多处破裂、多根肋骨骨折、肺、肠挫伤。危急时刻，他强忍疼痛，用惊人的毅力完成了一系列安全操作，确保了24名旅客安然无恙，而他自己虽经无锡101解放军医院全力抢救，在经历了两次大手术之后，终因伤势过重去世。为了一车旅客的安全，年仅48岁的他贡献出了宝贵的生命。这说明在他的心里，时刻想到的是要对乘客的安全负责，他虽然是一个普通人，却体现出高尚的人格和职业道德。

这也是职场从业者基本的价值观和信条。爱岗敬业是职业道德的核心。爱岗，就是要热爱自己的工作岗位，热爱自己从事的职业；敬业，就是以恭敬、严肃、负责的态度对待本职工作，一丝不苟、兢兢业业。爱岗敬业，是对从业者工作态度的普遍要求，它表现在重业、乐业、勤业和精业上。

重业，就是要认识自己的职业价值，这是爱岗敬业的思想前提；乐业，就是要从内心热爱并热心于自己所从事的职业和岗位，把干好工作当做最快乐的事。这是爱岗敬业的情感基础；勤业，就是要重视地履行自己的岗位职责，勤恳地、积极主动地做好自己的本职工作。这是爱岗敬业的具体表现；精业，就是要不断钻研自己的工作业务，精益求精、开拓创新，不断提高自己的工作质量和业务水平，这是爱岗敬业的必然要求。

一个人一旦爱上自己的职业，他就是全世界最幸福的人。因为这样的人会把工作当做一种享受。他的整个身心都会融入工作中，焕发出无限的热情和动力。

在经济生活中，职业首先是一种谋生的方式，是许多人养家糊口的手段，这也是人最基本的生存的需求。人们努力工作，在竞争中不被淘汰，是为了谋生而敬业。但根据马斯洛的五大需求层次理论，当人们满足了一定的生存的需要，就会产生更高层次的需求，对尊重和自我实现的需求，就会成为人们更加重要的需求。每个人要通过所从事的事业实现自己人生的价值，得到更高层次精神需求的满足。只有职业人真正认识到自己所从事的职业的意义和价值，这种内在的精神力量才是鼓舞人们认真工作、爱岗敬业的动力。当人们从工作的社会价值和意义来审视自己的职业的时候，工作的动力才会更大，敬业的程度才会提升。

到底是“要我做”，还是“我要做”，也是衡量一个人是否爱岗敬业的标准。“要我做”是一种被动心态，这些人上班就是熬时间，对工作敷衍了事。而“我要做”是以一种积极主动的心态对待工作，不是为了完成领导的安排，而是出于对成功的追求，希望尽自己最大的努力做好工作。

积极的心态是敬业者的阳光。对于敬业者而言，工作是事业，而不仅仅是为了生计。工作着是快乐的，他们无需监督，领导在和不在时都一样努力。他们相信办法总是比困难多。面对挫折和失败，只把它作为成功前的一次实验。而消极的人对任何事情都看不惯，每天牢骚满腹。抱怨领导没给自己机会，抱怨自己生不逢时，抱怨同事的素质太差等。这样的负面心理暗示越多，自己对工作越没有兴趣，也就越痛苦。

（二）加强职业素质的培养

大学生要想在未来的市场竞争中拥有更大的竞争力，就必须要成为职业化人才。因此，要在学校的学习和企业的实习过程中，不断提高自己的职业素质和职业能力，成为应用技术型人才。目前，各高等职业院校都在走产学合作骄傲与模式之路，大学生在企业要有半年到一年的顶岗实习，应该算是走出校门体验社会实现自身价值的第一份“工作”，它直接关系着以后的就业和职业发展状况。因此，大学生应当倍加珍惜这个难得的机会，在实习实践中，不断提高自己的职业素质和职业能力，提高就业竞争力。

1. 忠于职守，爱岗敬业，提高就业能力

树立责任意识是一个人具有良好职业道德的基础条件。刚刚走上工作岗位的大学生，特别是在实习期、试用期内，一般不会被委以重任，而是先从最简单的辅助性工作做起，甚至被安排到条件艰苦的基层去锻炼，这也符合人才增长的基本规律。如果凭着对工作的新鲜感和学识上的优越感，认为自己被大材小用了，对一些工作不愿意干，其实，就是缺乏责任意识，缺乏吃苦耐劳精神的表现。

一个人要想在事业上大干一场，建功立业，不管工作的大小，分工的高低，仅仅有满腔的热情和很强的能力是不够的，高度的责任感和事业心更加重要。在实习过程中，岗位可能会发生多次变动，但不管在哪儿，都要用一种恭敬严肃的态度对待自己的工作，绝不可三心二意，“这山望着那山高”，不安心本职工作，不遵守工作纪律，这对把握第一份工作是十分不利的。任何一个企业在选择职工的时候，都会有一些特殊的要求，但唯独在一点上是一致的，那就是，都希望自己的员工是一个敬业精神强的人。因此，每一个大学生在平时的学习、生活、活动中都要认真负责、任劳任怨、精益求精。

2. 诚实守信是一个人为人处事的基本准则，也是大学生顺利就业的基础

不少单位在进人时就提出“德才兼备”，这里的“德”就包含了“诚信”。可以说，诚信就是品牌，就是竞争力，就是效益，就是财富，就是成功。现在不少高校都建立了学生诚信档案，这是监督大学生自觉培养诚信的有效途径。大学生不管在择业过程中，还是实习工作过程中，都必须诚实守信，这是一个人具有良好职业道德的基础条件，是事业成功的基石。

3. 从小事做起，甘于吃苦

企业的每个岗位都有严格的规程和要求，都需要一定的技能与技巧。目前大学生前两年一般都是在学校以理论学习为主，没有实际经验，必须要从最基本的细节小事做起。实习过程中，走上一个新的岗位，面对的往往是一些最基本的、微不足道的小事情。如果只凭自己的喜好做事，眼高手低，自以为是，就会给实习指导老师落下不踏实不认真的印象。因此，大学生在企业实习，万不可挑剔岗位，要以乐观的态度对待每一件小事，对于那些乏味枯燥、费时费力、又苦又累的工作，同样要付出满腔热情，认真积极地完成。只有从一些不起眼的小事做起，甘于吃苦，具备吃苦耐劳的精神，才能尽快适应工作。

4. 虚心请教，勤于思考

大学生在学校的前两年尽管学到了不少书本上的理论知识，但在企业的顶岗实习中需要更多的是动手实践能力。在企业一线的工作人员，很大一部分的学历是中专或高中，但是，他们进企业早，在工作岗位上工作了多年，具有丰富的一线专业知识和实践经验，都是师傅。因此大学生走上岗位后，要从零做起，尊重他们，虚心向他们请教，勤学多问，

埋头苦干。要善于观察，勤于思考，在工作和学习中发现问题，找规律，找办法，找技巧，逐步培养自己独立开展工作的能力。

5. 克服心理不适，快乐工作

大学生进入企业实习，由习惯的学习环境进入了陌生的工作环境，熟悉的同学换成了陌生的新同事，工作上遇到的困难和挫折等，往往会产生诸多心理不适。由于能力、经验不足或技能不娴熟而造成工作上的不顺利、挫折或失败，由于没有完成任务或者出现失误而受到批评，由于工作难度大而感到力不从心等，引发自卑感；由于在学校时优秀受宠，在企业却被安排在天天面对机械的繁琐的岗位；由于对工作的期望值过高而实际上因为业务不熟练，难以做出理想的成绩等，产生失落情绪；有的还可能产生焦虑、孤独等心理不适现象。能否及时解除心理压力，克服心理不适，对于顺利完成实习任务，能否直接被企业录用非常重要。每个大学生要认识到，实习期就像一个大熔炉，是使自己走向成熟的关键时期。要学会客观分析环境，尽快熟悉环境，要学会在主动学习请教中与人沟通，要有合理、适中的工作期望值，勇于面对挫折，充满信心，相信自己能克服困难，保持良好的心态和乐观向上的态度，快乐工作。

（三）加强职业发展能力的培养和提高

大学生职业发展能力的提高并非一朝一夕之事，它的培养将贯穿整个职业生涯。因此，大学生从设计自己的职业生涯规划之日起，就应该注重自己的就业和职业能力的培养和提高。学校和企业两个育人环境要坚持共同育人的指导理念，为学生职业能力的培养和提高创造条件，搭建舞台、提供空间；大学生要充分利用学校和企业提供的硬件和软件资源，发扬自身优势，弥补自身不足，主动提高自己的综合素质，增加自身竞争优势，促进自己职业发展能力的提高。

1. 动手能力

动手能力也就是实际操作能力，是人的智力转化为物质力量的关键。尤其是立足于管理、生产、服务第一线的大学生，动手能力的强弱将直接影响着其就业岗位的稳定与否。企业面试用人，越来越注重学生在校期间的动手实验、实践能力，淡化了理论成绩，认为理论知识在工作中需结合实际，才能掌握的更牢固。

培养动手能力，大学生要充分利用学校、社会和企业提供的空间。一是积极参加校内社团活动和校外社会实践活动，这是动手实践最基本的形式和重要载体。特别是一些与专业结合紧密的社团活动和实践活动，对自己开阔视野，增加社会阅历，提高专业技能大有裨益。二是认真完成校内实习。校内实习是按照人才培养目标，在实验、实习老师指导下进行的职业技术应用能力的训练过程，是理论与实践相结合的中间带。因此，大学生应高度重视，认真执行每一个实习环节的操作规程，为即将进行的“预就业”打下良好的基础。三是参加合作教育模式下的“顶岗实习”，这是实习与就业的直接对接，即是“预就业”。这个过程是大学生就业力和职业能力培养的关键步骤，一定要有忧患意识和责任意识，虚心向前辈学习，练就一身过硬的技术技能，以尽快适应职业岗位，顺利就业。

2. 交际能力

当今的社会是分工合作的社会，一个人事业的成功，良好的人际关系是非常重要的。因此，大学生在校学习和职业生活中应扩大自己的交往范围，学会与不同性格的人交往。应该努力做到以下几点。

要自信有勇气，大胆参与各种活动，特别是协作性强的活动，提高交际能力；待人要真诚守信，做到知行合一；要加强语言表达能力的训练，如参加座谈会、辩论会、演讲等活动，这些都是理想的学习人际交往的平台；与人交往要平等互利，既不能太过高傲又不能太过自卑，平等对待每一个人，做到物质互利、精神互利、物质－精神互利；多观察身边"人缘好"、"会处世"的人，看他们在人际环境中如何对他人做出反应。

3. 学习能力

当今世界科学技术突飞猛进，新知识层出不穷，在这样一个日新月异的时代，一个人要把工作做好，就必须有好学的精神，有较强的学习能力。掌握过硬的专业基本知识和基本专业技能，依然是用人单位的首选目标。如果有特别强的学习能力、有创新性的研究成果（如论文、专利发明等），就业就是非常顺利的事情。大学生要增强学习能力，自觉把学习作为一种生活方式。大学生在校期间学习到的东西毕竟是有限的，很多知识和能力需要在工作实践中去学习锻炼，发现和提高。面对全新的职业，会有新的知识技能，会有新的方法技巧。

一要在学校掌握文化知识、专业知识和专业技能；二要在实习单位多向经验丰富的员工学习一些新知识、新技术，不断丰富自己的专业知识，提高自己的专业技能；三要建立合理的知识结构，培养广泛的兴趣爱好，重视学习方法的掌握，善于有创新性的学习。在学习中要勤于观察思考，善于发现问题。

只有运用自身掌握的知识去努力解决问题，才能掌握大量的第一手资料，分析研究职业对象的内部规律，也才能培养自己的独立见解，才能更好地承担角色责任，最终达到自我完善。

4. 团队意识

当今市场竞争激烈，崇尚团队精神，具有较强的合作意识的团队和个人，才会取得更大成功。通过对企业用人的了解可以看到，团队意识比个人获得的荣誉还要重要。要完成一个大项目，个人能力再强，没有他人的帮助，也做不到十分完善。如果没有很好的团队意识，整合不好人才资源，就业能力对于企业来说，其实是一种损失。这说明，在一个大集体里，要做好一项工作，占主导地位的往往不是一个人的能力，关键是各个成员间的团队合作。

尺有所短，寸有所长，每一个人的能力都不应忽视，都应该是自己学习的对象，都应该是团结的对象。与人团结，就是提升自己，团队的每一个人就会心甘情愿地贡献自己的才能，做到资源共享，优势互补。大学生只有把自己置身于一支合力强大的团队之中，才能在市场竞争中取胜，才能达到自己追求的目标，事业才能更加成功。

第二节 认识职业生涯

无数事实证明，不少人事业无成，并不是缺乏知识才能，而是在于没有设计和取得最适合于自己成长与发展的职业生涯。我们是否也要等到40岁、60岁之后才来追悔？是否现在就可以做些什么来避免这个遗憾呢？青春易逝，岁月无痕。大学生活说长不长、说短不短，能否把握时间、抓住机会全在于我们自己。

一、职业生涯的含义、特点、作用

（一）职业生涯的含义

1. 生涯的含义

生涯一词来源于Career，原为“疯狂竞赛”之意。分开来讲，“生”，即“活着”；“涯”，即“边界”。广义上理解，“生”，自然是与一个人的生命相联系；“涯”，而有边际的含义，即指人生经历、生活道路和职业、专业、事业。人的一生，包含少年、成年、老年几个阶段，成年阶段无疑是最重要的时期。这一时期之所以重要，是因为这是人们所从事职业生活的时期，是追求自我、实现自我的重要人生阶段，是人生全部生活的主体。

对于“生涯”的概念，大家众说纷纭，有许多定义，其一：生涯是个人通过从事工作所创造出的一个有目的的、延续一定时间的生活模式（美国国家生涯发展协会）。其二：生涯是生活里各种事件的方向与历程，它统和了人的一生中各种职业和生活的角色；是个人终其一生所扮演的角色的全过程，由时间（个人有生之年）、广度（扮演角色的多少）和深度（角色投入程度）三个方面构成（美国职业理论专家舒伯（D. E. Super））。其三：生涯是指个人一生职业、社会关系与人际关系的总称，即个人终身发展的历程（韦伯斯特（Webster））。

从上述定义可以看出人生的含义包括以下几方面。

第一，生涯是一生连续不断的发展过程。

它不是指某一工作或责任的特定时间段，它包括了个体终身学习、终身发展、持续一生的全过程。

第二，生涯是独特的和有目的的。

每个人都有自己的价值观和理念，并按照自己的生涯规划或生活道路走上独特的生命历程。不同的个体具有不同的生涯，而个人的生涯又是根据个人的理想、动机、目标和行为方式去发展的。所以，生涯都有其明确的目的性。

第三，生涯是多种角色交换的综合体。

生涯既包含了一个人不同时期的职业或工作，又包含了同一时期所有生活角色（子女、学生、配偶、家长、持家者、亲友）的交互作用，还包含了人们整合这些角色的方式。

2. 职业生涯的含义

每个人都扮演着多种社会角色，且各有其重要性，而其中最重要的应是职业角色。人的一生，从儿童到老年，大部分时间的活动与职业有关。职业生涯就是指一个人从职业学习开始到职业劳动结束所经历的全部职业历程，即一个人终生的工作经历。进一步来说，职业生涯是由时间、范围和深度构成的一个复杂概念。时间上包含着人生的不同职业阶段；范围上是指人的一生扮演着许多社会角色；深度上表现在对各种社会角色的投入和贡献。关于职业生涯，美国心理学家舒伯和霍尔分别从广义和狭义的角色提出了定义。舒伯认为，职业生涯包括个人一生多种职业和生活角色，即自青春期至退休所有有酬或无酬职位的综合，以及与工作或职业有关的经验与活动，是个人跨越时间的一系列工作经历的总和，其中包含了一个雇用期。可以看出，职业生涯是指一个人一生职业活动中所经历的过程，这是毫无疑义的。职业生涯，人各不同；但是，它们却有共同的含义。

第一，职业生涯表示某人一生在各种职业岗位上度过的整个历程，而不仅仅指其中的某一工作阶段。

第二，职业生涯从主观而言涉及理想。个性、能力等因素，从客观而言反映在工作时期所进行的各种职业活动和行为举止表现的连续性。

第三，职业生涯的形式决定于主观和客观的多种因素。它是由本人的职业素养、目标追求，家庭成员的支持，组织的管理与培养，社会环境的变动与机遇等诸多因素相互作用而形成的结果。人生在世，自童年开始就产生了职业和职业发展的萌芽。家庭教育、经济地位、环境熏陶都影响到幼儿对职业的看法和定向。随着年龄的增长，由于知识和能力的积累，逐渐把个人愿望、条件与客观现实需求协调起来，步入职业历程。职业的发展是连续的、有规程的、无法回头的。职业生涯有两大类型，一种是传统（从一而终）型，另一种是易变（多种多样）型。前者是一生从事一种稳定的职业，如一生经商、一生行医等，这类人在我国改革开始前特别多。后者是自主择业，先后从事多种不同行业的职业活动，随着市场经济的发展，这类人越来越多。

（二）职业生涯的特点

职业生涯是指一个人终其一生所扮演职业角色的全过程，它有下列特点。

1. 发展性

职业生涯是一个动态发展过程。在不同的年龄或生命阶段，人们有不同的追求目标。这些目标随着内部和外部条件的变动在不断地调整，从而推动了职业生涯的发展，促进了个体的持续成长。

2. 终身性

职业生涯是人生的连续发展过程。它不只包含了在特定年龄阶段的“辉煌”或“潦倒”，而是涵盖了人在有生之年所拥有的各种职业和社会角色。

3. 独特性

诚然，职业发展具有一般的规律和动态过程。许多人在职业生涯的形态上有诸多相似之处，但绝不可能完全一致。可以说，世界上没有职业生涯完全相同的两个人。一般来说，每个人都是根据其人生理想为实现自我而逐步开创其职业前程的；但是，对于不同的人，其内容与结果却充满了独特性与唯一性。

4. 综合性

就社会角色而言，职业生涯是以个体的事业发展为主线而发展的。它包含了个人一生中扮演的所有社会角色，以及不同的职业角色。除此之外，还有公民、学生、子女、夫妻、父母、朋友等各种层面的社会角色。

（三）职业生涯的作用

1. 决定人生价值和自身需求的满足程度

人的价值类型有三种，即人生价值、人格价值和自我价值。人生价值是指人对社会的价值，它是通过个人对社会的贡献而体现的。人生的价值在于贡献。人格价值则是指社会对个人的价值，它体现为尊严与权利人人平等。人的自我价值是指人对自身需求的满足程度，它是通过个人努力来满足自身的生理、物质、精神需求的。社会上尊重人格价值，并通过职业生涯的有效管理来提高人的自我价值。也就是说，通过个人在职业活动中的绩效来取得经济收入、物质待遇和精神奖励，从而满足自己追求的各种需求。人生有所需求，这是人的本性。人生需求是什么呢？美国心理学家马斯洛（Abraham H. Maslow）的需要层次理论指出，人的需求是有规律、分层次的，在低级需求（生理需求、安全需求等）得到满足后，就会自动上升到新的更高级需求（友爱、尊重、自我实现等）。归纳马斯洛及后人在需要层次理论方面的研究成果，可以看出，人生需求从低级到高级共有 5 个层次的内容。

第一，生理需要即氧气、水、食物、休息、性。

第二，安全需要包括身体的与心理的。

第三，社交需要即得到同样的认同和关爱。

第四，尊重需要即要求自己的人格和成果受到尊重。

第五，自我实现需要即发挥潜能、实现富有意义的目标。

毋庸置疑，人生需求正是通过职业生涯来满足的。人的一生投入时间（约占三分之二）、精力（体力、智力、情感）最多的活动就在职业生涯中。职业生涯使每个人展现才华、对社会作出贡献，也使个人得到报酬、满足需求、享受生活、实现美好愿望。它占用了个人一生最美好的年华，确定了个人的生理、心理状况与家庭生活格调，基本上决定了个人一生的人格尊严、生活层次和质量。一个人对社会的贡献越大，其人生价值就越高，其实现的自我价值也更高。

2. 要求人们提高职业素质

既然事业生涯决定着人的一生幸福，那么，人人都需要面向社会发展，提高职业素质，以便开创美好的职业人生。任何人，特别是青年人，都渴望拥有健康的身体、渊博的知识、卓越的能力、良好的人际关系；渴望在事业上有所建树的同时，享有幸福和谐的家庭生活与丰富多彩的休闲时光。这就要求我们正确地认识自我，从职业生涯大局考虑，发挥主观能动性，不断积累知识和能力，提高素质和修养，全面发展，成为祖国需要的高级建设人才，迈向成功的职业生涯。优良的职业素质是打开理想职业之门的“金钥匙”，是实现自我价值的保证。

二、职业生涯规划

古人云：“凡事预则立，不预则废。”职业生涯同样需要进行详尽的规划才能为职业生涯的成功打下良好的基础。所以，职业生涯的规划越来越成为个人和组织有效发展和赢得竞争的一个重要手段和方式。

（一）职业生涯规划的含义

职业生涯规划是指个人发展与组织发展相结合，对决定一个人职业生涯的主客观因素进行分析、总结和测定，确定一个人的职业生涯的奋斗目标，并选择实现这一职业生涯目标的职业，编制相应的工作、教育和培训的行动计划，对每一步骤的时间、顺序和方向做出合理的安排。

（二）职业生涯规划的原则

制定职业生涯规划须遵守可行性原则、可操作性原则、时间性原则、发展创新原则、全面评价原则五项基本原则。

1. 可行性原则

人是在一定的企业环境与社会环境中发挥才干的，个人的发展离不开企业（组织），他必须按照社会的需求，并认可企业（组织）的目标和价值观念，并把他的价值观念、知识和努力集中于企业（组织）的需要上。没有个人、企业、社会三者利益的结合，就不会有职业生涯的成功。所以，职业目标的选择要有可行性，一定要在三者之间找到结合点。

2. 可操作性原则

一个项目如果没有具体的施工方案，设备就无法安装、高楼也无法建造。施工方案要清晰可操作，项目才有可能顺利开展。对职业生涯进行规划就好比在做一个项目的设计，其实施方案也必须具体、清晰，具有操作性，否则设计的就只是一座缥缈的空中楼阁。

3. 时间性原则

我们的生命是有限的，所以时间性原则非常重要。规划中的每一个目标都要有两个时间。一个是开始时间，即为实现这个目标什么时候开始行动，而另一个是目标实现的时间。没有行动就永远达不到预期的目标，因此第一个时间比第二个时间更重要。

4. 发展创新原则

发展创新原则是指职业生涯发展的过程中提倡用新的方法处理常规问题，并解决新问题。人的自我实现就是潜能充分发挥的过程，这一过程需要不断有创造性成果予以证明。

5. 全面评价原则

全面评价原则是指对职业生涯进行全过程评价和全方位评价。人的发展是分阶段的，人的发展任务也是分阶段完成的，因此要注意对阶段目标成功与否的评价，使人在职业生涯发展的过程中不断有自我实现感。许多人认为诸葛亮的职业生涯是失败的，因为他没有实现恢复汉室、统一中国的意愿。但诸葛亮却是中国人所推崇的“智慧的化身”。如果用全面评价的观点考察诸葛亮的职业生涯，很明显，他智慧超人、业绩丰硕、千古流芳。

（三）职业生涯规划的基本步骤

职业生涯规划是一个周而复始的连续过程，包括确立志向、自我评价、环境分析、目标设定、实施方案、反馈修正六个步骤。

1. 确立志向

俗话说：“志不立，天下无可成之事”。志向是事业成功的基本前提，是一个人的远大理想，是一种愿景。如果一个人不知道自己要去哪里，那通常他就哪里也去不了。人没有志向，事业的成功也就无从谈起。所以立志是人生的起跑点，它影响着一个人的奋斗目标及成就。

2. 自我评估

自我评估主要是指了解自己，包括兴趣、能力、性格特征、身体条件、价值观念、情绪智力、家庭条件等自身因素。制订职业生涯规划要求每个人首先要真正了解自己。通过自我评估，发现自己内心的真正需求，知道自己想要做什么，了解自己的能力和不足，知道自己能做什么。

3. 环境分析

环境分析包括对政治环境、经济环境、法律环境以及职业环境的分析。职业选择要以社会需求为前提，远离社会需求的目标是难以实现的。对大学生来说，进行职业规划时主要是分析人才市场的需求情况以及目标职业的工作内容和对从业人员的素质要求等，从中发现环境对自己有利和不利的方面。

4. 目标设定

目标设定是基于自我评估和环境分析的基础上，选择自己未来的职业方向和发展目标。美国学者戴维·坎贝尔（David Campbell）曾经指出：“目标之所以有用，仅仅是因为它能帮助我们从现在走向未来。”目标设定是职业生涯设计的核心。分析自我，了解自己，分析环境，了解职业世界，找到与自己的性格、兴趣和特长吻合的职业目标，这一点对即将步入社会选择职业的大学生非常重要。如果我们没有明确的目标，就永远实现不了自己的愿望。因此我们要选定一个目标，从而明确自己在大学期间应该做的事情。

5. 实施方案

对职业生涯进行规划就好比在做一个项目的设计，要制订具体的行动计划，逐步缩小差距以实现各阶段的目标。其实施方案必须具体、清晰，具有可操作性。

6. 反馈修正

反馈修正要设定一个衡量此规划是否成功的标准，如果无法实现预期目标，就必须及时做出调整和修正。

面对严峻的就业压力，如果我们希望在毕业时能找到一份合适的工作，希望事业获得成功，就要尽早规划自己的职业生涯，明确自己的职业发展方向和目标，并据此制订出可行的实施方案。如果一个人在自己的职业生涯中漫无目的，他必将一事无成，甚至浪费整个生命。规划能明确目标，目标能激发出无限潜能，而目标加行动才能有可能让美梦成真。

第三节　大学与职业规划

人生之旅从选定方向开始。没有方向的帆永远是逆风，没有方向的人生不过是在绕弯子。西撒哈拉沙漠中的旅游胜地——比赛尔，在很久以前，是一个只能进，不能出的贫瘠地方。在一望无际的沙漠里，一个人如果凭着感觉往前走，他只会走出许多大小不一的圆圈。后来，以为青年在北斗星的指引下，成功地走到了大漠边缘。这位青年成了比赛尔德开拓者，他的铜像被竖在小城的中央，铜像的底座上刻着一行字：新生活是从选定方向开始的。

有什么样的目标就有什么样的人生。仅仅有了方向还不够，还要沿着这个方向设定目标并不断调整目标。澳大利亚的一个草原上草儿长得特别好，羊群规模越来越大。羊为了争夺食物，都不愿意落在后面，开始不断地往前奔跑，结果成批的羊一直跑到草原而都朝一个方向不停奔跑，结果成批的羊一直跑到草原尽头的悬崖边缘并跳下去——他们已经完全忘记了奔跑的目标是吃草，而把奔跑本身当做了目标。

耶鲁大学曾经对毕业生进行了一次有关人生目标的调查。当被问及是否有清楚明确的目标以及达成的书面计划时，结果只有3%的学生选择了肯定回答。20年后，通过跟踪调查发现，那3%的达成书面目标计划的学生，在财务状况上远好于其他97%的学生。

人生的路很长，但紧要处只有几步，尤其在年轻的时候，许多人埋头苦干，却不知所谓何来，等发现方向错了却为时已晚。因此，作为大学生必须树立真正的目标，澄明思想，凝聚继续向前的力量。

一、大学对职业生涯发展的影响

大学生涯是整个人生的重要阶段，是职业发展的准备期。在大学选择某一专业进行学习是为今后做职业准备，因而大学生生涯可称为职业准备阶段或职业准备期。这是个人职业生涯的起步阶段，是决定能否赢在起点的重要阶段。

假如将生活看成是展现在人们面前的一种情景：你正在走得这条路的两边还有许多条岔道，每一条岔道代表着不同的职业生涯，你必须在这些岔道做出选择，这种选择将影响你的将来。每一条岔路都有一扇门，只有当你有合格的证件，这扇门才为你打开。因此，为了使自己在今后拥有更多的选择机会，你的策略是，尽可能准备好自己的证件，或者是积累自己的选择资本。资本雄厚的你能把职业的选择权掌握在你自己的手里，而不是看门人的手里。我们从幼儿园、小学到初中高中再到大学进行深造，在大学里学会为人，学会治学，提升自己的整体素质，都是在积累自己的资本，为毕业时走向社会做一份准备。谁在大学阶段准备充分，谁就能越快地找到自己理想的职业，顺利地进入角色。

哈佛大学最杰出的心理学教授威廉·詹姆斯说："21 世纪的人才应该掌握'三张教育通行证'，一张是学术的，一张是职业的，一张是素质的"。社会不仅要求人才要具有合理的知识结构，还要有较好的逻辑思维、社会活动和科研创新等综合能力，更要有胜任工作的职业能力。这些能力都是需要我们在大学的学习阶段来获取的。在大学期间积极、充分的准备，我们通过了英语等级考试，获得职业技能证书，培养了自己的表达能力、沟通能力等，我们就获得了自己把握命运的权利。总之，对大学期间的学习进行科学、合理的规划有助于我们顺利走向社会，进入职场，谋求职业发展与事业成功。大学阶段对于人生生涯发展有着重要的作用，主要表现在：

（一）职业探索，职业生涯发展的基础

在职业生涯发展历程中，上大学不是目的，只是职业探索期中的一个重要发展阶段。在这个阶段，通过了解生涯发展的规律，结合自己的实际，认真审视自己已经走过的历程，重新认识自己、认识社会、认识专业和职业，思考未来的发展方向。根据自己的人生追求、职业兴趣和能力特长选择适合的专业。结合社会需要、职业要求、职业目标等学习专业知识、培养专业能力。通过职业探索，找到适合自己的职业发展道路，这是职业生涯发展的基础。

（二）职业定位，职业生涯发展的方向

大学阶段是人们职业选择和专业定向的关键性阶段，这是因为大学专业的规定性体现了人生的择业方向，大学专业的多样性为人生定向提供了得天独厚的条件。职业生涯的发

展，首先从选定方向开始。定位准确，就能充分发挥自己的能力与特长，集中自己的优势资源有目标地持续发展。现在的大学生有一个通病，就是高估自己，所以在校大学生，既需要认真地分析自己，又需要多了解社会需求，以求准确地进行职业定位。

（三）职业准备，职业生涯发展的条件

大学生涯是人生的重要阶段，是职业生涯发展的准备期，大学生活和专业学习是为今后的生涯发展作职业准备，是大学生职业生涯的起步阶段。因此，为了使自己今后拥有更多的选择机会，能够自信自强地去面对社会的竞争，必须充分做好知识、能力、技能等方面的准备，努力提高自己的综合素质，积累生涯发展的资本，创造生涯发展的各种条件。

二、职业生涯规划的必要性

职业生涯规划是指个人在结合自身兴趣、爱好、能力、特点和发展机遇等决定个人职业生涯的主客观因素进行分析、总结和测定，从而确定出相应的教育、发展和培训计划，并对每一步骤的时间、顺序和方向作出合理安排。对在校大学生而言，尽早规划自己的职业生涯，明确自己的职业方向，对将来竞争就业岗位和职业生涯良性发展都至关重要。科学的职业生涯规划，是人生事业获得成功的有效方法及重要途径，是打开人生事业成功之门的金钥匙。指导大学生科学规划职业生涯、促进大学生顺利就业，是高校应承担的历史使命和社会责任。

职业生涯规划可引导大学生客观认识自己，帮助他们尽早确定职业发展方向，为自己确立一个清晰的目标，便于利用好大学期间的有利因素，把可持续发展作为第一要务，实现促进个体全面发展的最终目的。

（一）有利于促进大学生的全面发展

职业生涯规划的重大意义在于根据自身特点寻找适合自己发展的职业定向，使自己明确奋斗目标。职业生涯规划的关键是准确给自己定位，核心是选择一个理想的职业，以实现个体与职业的最佳匹配。一份有效的职业生涯规划，能够引导大学生认识自身的个性特质、现有和潜在的资源优势，帮助他们正确认识自身的价值并使其持续增值。然而，受传统择业观的误导，很多大学生还在一味追求行政事业单位，向大企业、大城市靠拢，没有考虑是否适合自身发展的需要。孰不知，不适合自身的发展，再好的职业也谈不上理想。职业生涯规划可以引导学生通过对自己的综合优势与劣势进行对比分析，科学地评价与认识自我，根据社会需求信号和自身条件有意识地锻炼自己的能力和素质，瞄准和选择能够最大限度地发挥自己潜能的职业方向，完成切实可行的职业计划，并积极进行相应的职业知识储备。通过职业规划，让学生从大一就能认清自己的学习发展方向，并为实现自己的目标去努力，由“要我学”变为“我要学”，由被动变为主动，增强学习的主动性，而不是快到毕业了，才开始思考自己到底要干什么。

（二）有利于大学生树立正确的社会观念

社会发展的需要决定着个人职业生涯发展的目标和方向。改革开放 30 多年来，我国在政治、经济、文化等领域已经发生了翻天覆地的变化，高等教育由精英教育转为大众化教育，就业体制也由国家“统包统分”转向“双向选择、自主择业”的市场模式，企业更加注重通过价格机制来选用合适的人才。要适应社会的发展，就必须及时了解社会职业变化的方向和趋势，从社会发展的角度来规划自己的职业生涯。随着全球化进程的加快和知识经济时代的来临，社会财富及经济效益的增加越来越依赖于知识的创新。大学生也越来越清楚地认识到，文凭不再是决定就业的法宝，终身学习正从一种国际化的教育思潮变成了许多国家的教育政策和实践行动。大学教育加终身学习，才是人生成功的基石。职业生涯规划指导大学生看清了一个基本社会现实，那就是高等教育大众化下的学生不能完全依赖于学校和他人，而应集中时间、精力和资源来努力完成学业，使自己的大学生活更有意义，使自己的未来更加可控。

三、职业生涯规划与大学生成才

无数成功人士的成长经历告诉我们，一个人无论从事什么职业、从事什么工作，只要通过科学的规划，并按规划去实施，就能使一个人的目标得以实现，使一个人的事业获得成功，使一个平凡的人发展成为出色的人才。

大学阶段虽然还算不上是职业发展阶段，但是职业生涯的准备期。一个人在大学阶段为自己未来职业生涯准备如何，对其未来的职业发展有着重要的影响。职业生涯规划对大学生个人发展的作用主要有以下几点：

（一）促进大学生形成积极向上的人生态度

成功的职业生涯需要人不断地为之去奋斗，而积极上进的人生态度则为个人努力实现职业发展目标提供了原动力。而且，一个人的职业发展是一个长期的过程，在发展的道路上，也不可能一帆风顺，前进中的挫折和暂时失败是难免的，缺乏积极上进的人生态度的人，意志非常容易消沉，丧失重新站起来的力量。同时，积极向上的人生态度也会使人从一时的成功中解脱出来，不断超越自我，去实现更大的成功。

很多大学生在高中时候把考上大学作为人生的奋斗目标，一旦考上大学则感到非常迷茫。面对新的环境、新的同学、新的学习生活，显得不知所措。这是因为不知道自己的人生目标是什么，不知道自己的人生价值是什么，不知道应该以什么样的人生态度面对大学生活。运用职业生涯规划的方法和技术，能够帮助我们全面认识自我，了解社会，找出自己在知识、能力等方面与社会要求的差距，进而帮助我们明确人生目的，形成高品质的人生价值追求，并以积极进取的人生态度面对生活。因此，大学生应以职业生涯规划为切入点，促进自己形成积极上进的人生态度。

（二）提高大学职业生涯规划意识

以职业生涯规划为契机，对个人的专业特长、兴趣爱好、性格特张、待人接物的能力、擅长的技能做充分的、全面的分析，可以帮助大学生对自己进行正确评估，迅速、准确地为自己定位，明白自己更适合什么样的工作，自己将来有可能在哪些方面获得成功，逐渐理清生涯发展方向，形成较明确的职业意向，并提升自己的职业生涯自主意识和责任，为今后的事业发展做全面、长远的打算。

（三）促进大学生做好大学期间的发展规划

大学生涯是人生发展中非常重要的阶段。大学阶段的学习、生活、社会工作情况直接或间接地决定了大学毕业生未来的职业发展方向和高度。人生需要规划，大学阶段同样也需要规划。大学生涯规划是大学生为自己的成才和发展所订立的契约，是自己对未来美好的承诺。大学生为实现自己的规划目标，就要制订大学阶段的学习和能力培养的计划，并根据自己的爱好、实际能力和社会需求制订正确的大学生涯发展目标和有效的实施步骤。无论是学生工作方面大展拳脚发挥管理专长和领导力，还是在学术方面钻研攻关，亦或是结交天下朋友获取丰富的阅历，这些都是你可以选择并可以实现的大学生活的目标。有了目标，我们就会如饥似渴地追求知识、充实自己、完善自己，整个大学阶段的学习和生活就会由被动变为主动。比如，假如你想毕业后去政府机关做公务员，那么在大学期间就要主动地加强自身的政策理论水平的修养，加强个人口头表达能力、文字处理能力、组织协调能力的训练；毕业后想自主创业的，那就应该培养自主创业、勇于开拓的精神，踏实的工作作风，吃苦耐劳的意志。在努力达到目标的时候，你就会集中精力投入其中，建立一种自我激励机制，即使遇到一些困难和挫折，也会全力以赴地去克服，不达目的不罢休，真正从内在方面激励自己的成才欲望和成才行为。

（四）增强大学生就业的核心竞争力

影响大学生求职就业的既有学校、社会需求因素，也有学生自身因素。其中，决定大学生能否找到适合自身发展工作的因素还是大学生业生自身的核心竞争力。核心竞争力强的同学不是人求职而会变成职求人。在现实中，我们往往发现，同样的学校、同样的专业、同样的班级，有的同学能很快找到一份满意的工作，而有的同学却迟迟未找到“东家”。究其原因，就是有的同学进入大学后，迅速适应了大学生活并重新树立了学习目标。在目标的指引下，对大学进行合理的规划，积极、主动地去提高自身综合素质。大学的外在资源对每个同学都是一样的，能否将大学优质的学习资源转变成自身就业和职业发展的核心竞争力，还是取决于大学生自身。做好自身的职业发展规划，将促进我们在大学期间主动、自觉地学习，增强核心竞争力。

（五）帮助大学生理想选择职业发展道路

由日常的经验得知，很多大学生在面临职业选择时，往往存在两种倾向：一是升学惯性，选择继续深造的目的并不明确；二是在找工作时，盲目攀比，受他人影响严重。而如果对自身进行一番职业生涯规划将使自己的职业选择更加理性，因为职业生涯规划能够帮助我们澄清自身需要，懂得和掌握职业的基础上开发与管理的知识与技能，从而帮助我们再遵循自身个性特点、能力优势的基础上结合社会需要，真正选择一条适合自身发展的职业道路。我们只有选择了适合自己的职业发展路径，才有可能将个人的能力优势充分发挥出来，对社会的贡献才会大，才有利于个人的发展。

（六）夯实未来事业成功的基础

“不经历风雨怎么见彩虹，没有人能够随随便便成功”。成功需要积累，需要抓住机遇，而机遇往往只会给有准备的人。命运的改变不是一朝一夕、一夜之间完成的，事业的成功也一样。如果你经常设想 5 年以后、10 年以后要做什么，想象一下你的未来是什么样子，然后设定一个职业发展目标，在这 5 年或 10 年里紧紧地围绕这个目标去做你应该做的事情，那么，你的未来一定不是梦。

梦，开始的地方

第二篇 职业探索篇

第三章　环境认知

案例分析

斯芬克斯之谜——认识你自己

古希腊有个传说：在一个王国城堡的附近有个女魔，叫斯芬克斯。她整天守着那条过往行人必经的路，让人猜一个谜：“什么东西早上是四条腿，中午是两条腿，傍晚是三条腿”。如果行人不能猜出谜底，她就会把他吃掉；如果猜出来了，她自己就会死去。无数的人都不能猜出谜底，于是王国中死了许多人，外面的人也不敢来这里了，王国内外充满了恐惧。终于有一天，一个叫俄狄浦斯的年轻人来到了斯芬克斯的面前，说出了这个神奇“东西”的谜底……“人”。斯芬克斯死了，而这个谜语流传了下来。

“斯芬克斯之谜”对于今天的我们，可能已不再是一个难题，而他所体现出来的问题，却是不分时代、不分民族、不分老幼、不分性别地存在与每个人中：自己很多时候是认不出自己的，是很难看清自己的。而这种“稀里糊涂”并不能给人带来快乐，渴望了解自我是人天生的需要，因为只有了解自我，才可以撕去太多的因所谓“生活”而戴上的种种“面具”，享受清新与安宁。一个人不能真正了解自身，纵使忙碌不停，终是茫然痛苦；纵使优裕富足，终是难耐空虚……

一个人的事业成功由内在因素和外在因素共同决定，内在因素指一个人所具备的个人素质，外在因素指一个人所处的社会环境。从另一角度而言，要想取得事业的成功，不仅要提升自身素质，而且要认清自身所处的社会环境，这样才能知己知彼，百战不殆。

大学生在做职业生涯规划时，对社会环境尤其对职业环境的正确认识、认知和评估，有利于大学生顺利实现择业和就业。

第一节 职业环境评估

职业环境是指某一职业在社会发展过程中的发展现状、发展地位和发展趋势。

一、行业情况分析

行业是指个人所从事的的工作领域。根据国家统计局2011年发布的《国民经济行业分类与代码》，我国国民经济共分20个行业。包括农、林、牧、渔业；采矿业；制造业；电力、热力、燃气及水生产和供应业；建筑业；批发和零售业；交通运输、仓储和邮政业；住宿和餐饮业；信息传输、软件和信息技术服务业；金融业；房地产业；租赁和商务服务业；科学研究和技术服务业；水利、环境和公共设施管理业；居民服务、修理和其他服务业；教育；卫生和社会工作；文化、体育和娱乐业；公共管理、社会保障和社会组织和国际组织。

（一）行业发展的影响因素

随着经济、政治、社会、科技的发展，行业存在很大的波动性，行业的数量、种类、结构、要求都在发生着变迁。

1. 经济发展对行业发展的影响

纵观行业分类，经济领域集中的职业分类和职位数量最多，经济发展需要社会为其提供各行行业的精英人才，同时，其也为大家提供了众多就职机会和空间。当前，大多数国家将经济增长作为国家发展的首要任务，同时也促成了产业结构和行业结构的变迁和发展。第一次工业革命后，棉纺织业成为当时的主导行业，直到20世纪，随着冶金技术的发展钢铁行业逐步兴起，21世纪，电子和计算机科学的发展用短短的十几年时间改变了当今社会的主要行业格局。

改革开放以来，随着人们生活水平的提升和需求，一些新兴行业迎刃而生，如文化传媒业、服务业、旅游业、娱乐业、金融保险业、房地产业等。这些行业的兴起是经济发展的结果。

2. 科技发展对行业发展的影响

科学技术是第一生产力。科学技术的发展带来众多新产品、新工艺，也导致一些行业发生更替。其呈现出的特点为：需求脑力从业者的职业越来越多，体力从业者职业越来越少，如信息服务业、网络服务业、计算机软件设计、计算机培训等职业逐渐增多，而电报发送等职业走向灭绝。

因此，大学生在择业时应着重关注行业发展，这样才能对自己想要从事的行业做出正确判断。判断时可重点考虑如下因素：社会大众对该行业的需求程度，该行业在人们生活中的作用是什么，在未来 20 ~ 30 年是否会存在替代行业，政府对该行业的重视程度如何。

（二）未来职业发展预测

1. 职业朝向专业化方向发展

未来二十年，各行业分工越来越细致，职业将朝专业化发展。行业分工越来越细致要求个人拥有更专业的技能知识，各个岗位都需要掌握最新技术的技术工人，这样单纯依靠苦力、体力操作的职业明显减少。

2. 职业要求逐渐增多

随着社会的发展，同一职业对从业者的职业要求不断增多。对于大学生而言，仅仅拥有学历文凭已不具备在未来职业大战中取胜的资格。除此之外，还应具备职业能力，拥有职业资格证书。职业能力是从业者从事某种职业的实际能力水平，职业资格证书是从业者具备某个职业所需知识和职业技能的证明。大学生除了学会课本知识之外，应逐渐掌握职业能力，获得相关职业资格证书。同时，学会培养自身的综合素质，如办公自动化操作能力、人际沟通能力等。

3. 职业流动性增强

社会经济的确立和用人制度的改革、人才流动和再就业将成为社会的普遍现象，越来越少的人从事“永久性”工作，大多数人拥有二次择业甚至多次择业的机会。

（三）未来的热门职业

热门职业是大学生择业时非常关注的一个问题，如有可能，大学生非常愿意选择热门职业，因为从事热门职业在激烈的竞争中会获得更多的发展机会。根据社会发展所需，笔者预测未来十年的热门职业有：

1. 计算机类

随着计算机技术的广泛发展和应用，计算机硬件开发、软件制作、网页开发、计算机应用和维护将成为热门职业。同时，随着各行业信息时代的到来，计算机维护、技术故障排除、网络管理、数据库管理等也需要计算机、信息技术等相关专业的人才。

2. 中医保健类

随着生活水平的提升，人们更加关注自己的健康状况和生活品质，中医保健成为大众广泛关注的领域，对中医师和健康医学人才的需求量增长。我国老年人口增加带来医疗、保健等需求的增加，从事老年保健、社区服务将有很大的发展前景。

3. 环境类

随着雾霾等环境污染的加剧，国家和公众更加关注环境问题，社会对环境类相关专业的人才需求也呈现上升趋势。环境监测、环境治理、环境工程、废物管理、景观设计等职业应运而生。

4. 财会金融类

未来十年，需要大量的财会金融类复合人才，精通金融、财会、法律、外语等众多知识，有国际金融经营理念和从业经验。理财规划师也是需求之一，通过调整金融产品组合，为客户提供专业理财建议。

5. 咨询服务类

信息时代的到来，信息获得已成为商业竞争和个人发展的关键。社会分工朝向专门化促使信息咨询类成为社会发展的主导职业。企业咨询、信息咨询、教育咨询等职业将成为主流。

6. 海洋开发与管理类

目前对海洋资源的开发是非常有限的，海洋资源将是未来十年人们食品和原材料的重要来源，对海洋资源的合理开发和管理对人类生活将产生重要影响，海洋领域会需要海洋开发、海洋资源管理、海洋资源保护等职业。

7. 空间技术类

随着科技的进步，人类对太空的利用率越来越高，各国在卫星技术、深空探测、宇宙飞船、载人航天技术等方面均有所突破，未来资源调查与测绘、太空发电、载人航天技术等方面仍需要众多专业人才，空间技术与利用、航空航天等职业需要更多热爱航空事业的人加入。

8. 社会保险类

我国正在完善社会保障体系，社会保障体系的完善促进了社会保险业的发展，社会保险可以帮助人们将一些意外损失降低到最小。当然，对从事社会保险相关专业的工作人员要求也不断提高，如保险业务员、保险索赔估价员等。

9. 心理学类

心理学作为新兴学科，得到国家、社会的广泛关注和重视，在人事研究、人力资源开发、心理咨询与心理治疗等领域有广泛的运用。从业者应获得心理学或者应用心理学相关学位或相关资格证书。

10. 通信工程类

移动通信网络、程控电话等需要大批通信工程、无线电技术等相关专业人才。

二、地理环境分析

不同地区的经济发展、城市定位、人文环境、生活习惯、天气情况、饮食习惯是不相同的，同一地区不同城市的发展战略和城市定位也有一定的差异。地理环境的不同对个人的学习、工作和生活也有一定的影响。

对刚毕业的大学生而言，在选择职业时考虑的因素除了所从事的行业之外，工作地域也是其考虑因素之一。

深圳作为中国改革开放的窗口城市，是我国重要的高新技术研发和制造基地，其拥有强大的研发创新能力，比亚迪、华为、腾讯、中兴等等在深圳均有研发中心；北京是我国的文化中心，悠久的历史和深厚的历史文化积淀促成其聚集了众多文人墨客；上海是我国的金融中心，其在20世纪初已初具规模，目前众多外资银行、世界500强汇聚上海；沈阳，东北老工业基地，重工业的聚集地。由于生活能力、生活理想、生活追求和个人自身能力的差异，大学生在选择职业时会做出不同的选择。一座城市行业基础、重视程度、发展战略的差异，会在一定程度上影响大学生所选择的企业在当地的发展，企业的发展会直接影响大学生的个人发展，这就是地理环境之所以对大学生择业产生影响的原因。

此外，城市的文化、品味、舒适度、社会福利、居民素质、城市建设等直接关系着人们在当地生活的满意度、舒适度和幸福感，这些因素也是影响人们能否认真、专注工作的众多原因。

在选择工作的地理环境时，大学生应结合自身想要从事的行业、个人的综合素质和对生活质量的需求综合选择想要生活的城市，而不是一味的追求大城市。同时，应结合国家的大政方针，如“国家志愿服务西部计划”、“一村一民大学生计划”、“三支一扶计划”等，这些政策鼓励大学生到西部、到基层、到祖国需要的地方贡献自己的力量，发挥自身的聪敏才智。如能将自身理想与祖国需要紧密结合起来，以实际行动参与到国家经济建设中也是当代大学生的明智之举。

三、组织环境分析

组织是指众多要素根据一定方式组织起来的系统。狭义上说，组织就是人们为实现共同目标相互协作形成的团体，如工会、企业，它是社会发展的基本单元。组织环境，顾名思义指影响组织生存、运行和发展的因素。通常，将组织环境分为内部环境和外部环境。内部环境主要指具体的工作环境，外部环境指组织所处的社会环境。

个人成长与“组织”发展息息相关。因此，大学生在择业时对自己中意的“组织”做细致的了解很有必要。了解和认识组织，应了解其基本情况。

（一）组织的分类

根据组织的目标，可以分为：服务组织，如学校、医院等；工商组织，如工厂、银行等；互益组织，如俱乐部、商会、工会等；公益组织，如政府等。根据心理需求，可分为正式组织和非正式组织。正式组织是有计划、有安排形成的具有一定管理信念，有明确目标的组织。非正式组织是指有共同思想、共同喜好的人们自发形成的团体。不同性质的组织需要不同性格、不同能力的人才。

（二）组织的发展阶段

对于一个组织而言，不同的发展阶段注重不同的人才。创业型企业关注员工的综合能力，需要战略管理型人才，其应具有敏感的市场洞察力和开阔的视野；发展型企业关注开拓创新，其需要的人才应具备挖掘可能业务的能力；稳定型企业应注重发展规范。

（三）组织的发展前景

应关注企业的发展重点、发展方向和发展战略，认清组织目前的优势、劣势、机遇和挑战，关注组织的人才战略、市场竞争力和发展前景。

（四）组织环境评估

组织环境评估包括组织文化、组织规模、组织结构和人力资源情况。

1. 组织文化

组织文化是组织的软环境，它是一个组织在长期发展过程中形成的，大多数组织成员共同遵守的基本理念、价值标准和行为规范。人本理念将组织的管理重点从行为管理上升为观念管理，通过组织的理念、价值观影响、鼓励和带动组织成员努力奋斗，形成配合默契、积极向上的团队。组织文化共分为四个层次。

（1）表层的物质文化：指组织文化在物质层面的体现，比如组织的建筑物、建筑风格、标志、工作环境、产品的包装等。

（2）浅层的行为文化：指组织成员进行生产经营、人际沟通中产生的组织文化，包括各种组织培训、生产指导、教育宣传等，主要反映企业的精神面貌、经营理念等，是企业精神的反映。

（3）中层的制度文化：制度包括组织的规章制度、行为习惯、风俗仪式等，它是额外的行为规范，主要用于约束、规范组织成员的行为，反映了组织的价值观和精神风貌。

（4）深层的精神文化：精神文化是组织长期发展、积累和沉淀形成的，它是现代组织发展的核心理念，包括组织精神、组织内涵和组织理念等。

组织文化的形成主要由社会环境、领导层素质、个人魅力和组织成员的素质共同决定的。组织存在于特定的社会环境中，社会的价值观、道德观在一定程度上影响着组织的文化发展；领导者的个人素质和人格魅力对组织文化的形成有非常重要的影响，特别是组织最初创立者的领导方式、做事能力对组织的发展有深远的影响；组织成员是组织文化的接受者，同时其素质也会影响组织文化的发展。

2. 组织规模

即组织的大小，指一个组织拥有的人员数量以及人员之间的关系。组织发展的不同阶段，组织规模的大小发挥着不同的作用。

组织规模大的公司机构设置较复杂、标准化程度高，能完成生产程序较复杂的产品，如果参与全球化竞争能获取大量的资源和收益，但其规模较大容易导致效率低；组织规模小的公司灵活性强，对市场环境能做出快速的反映，但不能应对较大规模的生产。近年来，我国各类组织的规模均在缩减，鼓励组织通过知识和技术创新来实现发展而不是依靠组织规模大小来发展。

3. 组织结构

其是企业运转、部门设置、职能划分的重要依据，常见的组织结构包括直线制、职能制、直线－职能制、事业部制、模拟分权制和矩阵制等。目前随着组织机构的发展主要包括简单结构、官僚结构和矩阵结构。

4. 人力资源情况

人力资源作为现代社会和组织发展的重要战略资源，是组织发展的源动力。其控制、利用着其他资源，使其他资源得到更合理、高效的利用和开发。组织中的人力资源情况主要指目前组织中人员的年龄、专业、学历结构、人才政策、员工培养等，合理利用人力资源指在组织目标、组织规划的指引下，根据组织内部人力资源的特点，合理化地对组织人力资源进行统筹规划，平衡人力资源的供给和需求，促进组织目标的实现。

四、学校与专业分析

学校与专业是学生高考报志愿和做职业生涯规划时必须考虑的因素。大多数人在报考学校时会选择知名院校，认为只要跨进知名院校找工作就没有问题。同时，选择专业时会考虑热门专业，认为选择热门专业就业面就宽很多。但是，从进入大学到大学毕业，本科需要四至五年的时间，专科也需要三年时间，对于未来发生的事情是无法估测的，如果个人在大学期间不努力、不拼搏，只是一味的幻想踏入名牌高校、选择热门专业就业就能一帆风顺是一个非常大的认识误区。用人单位在录用时考虑更多的是你个人的综合素质而不是你就读的学校的排名。如果面试的大学生综合素质高、专业技能强，企业会认定这个学生素质好，而不是说这个学校的所有学生素质都高、能力都强。同样，如果一名暂时不能符合公司用人要求的学生，公司也不会否定这名学生就读学校的全部学生。因此，学校和专业只是你成长的一个平台而不是决定因素。

五、家庭因素分析

大学生，尤其是中国的大学生在进行职业生涯规划时，受家庭的影响是巨大的。一是因为中国目前正在读大学的90后大多都是独生子女，其从小受父母的溺爱，在经济上和感情上并未真正独立，父母插手子女职业规划成为一种不正常的普遍现象；二是一个人的个人成长和性格形成离不开家庭环境的影响，家庭是子女教育的第一导师，大学生在考虑职业生涯规划时应将家庭的经济情况、家庭期望、家庭支持度等考虑入内，不然职业规划可能会受影响。

（一）家庭教育方式

家庭的教育方式对大学生职业生涯规划和选择职业有较大的影响。家庭教育方式包括民主型、专制型、溺爱型、忽视型。做职业生涯规划时，民主型家庭给予子女的是更多的关怀和民主的控制，其给孩子更多支持，提供参考意见，但决定权在于子女；专制型家庭倾向于高度控制子女，帮子女做最终的决定，子女在家庭中不被理解，也不愿意与父母沟通交流；溺爱型家庭通常以顺从的方式对待子女，他们很少对子女提出要求，子女通常根据自己意愿选择工作，选择的职业经常脱离实际；忽视型家庭表现为对子女处于忽视状态，家长很少和子女谈心，对子女的生活不予理会。因此，家长在子女进行职业生涯规划时加强与子女的沟通，帮助子女提出合理化建议有利于子女做出正确的职业生涯规划。

（二）家庭期望

家庭对大学生择业的期望大小、高低不同，大学生择业会呈现不同的发展趋势。家庭期望值较高，大学生在选择择业时一般会选择相对热门的、社会地位高、收入高的职业；家庭期望值较低的选择择业时会根据个人兴趣、爱好选择匹配的职业。当然也有家庭期望与个人兴趣相悖时，大学生可能会产生逆反心理。

（三）家庭支持力度

家庭对大学生择业是绝对支持的，但支持力度由于家庭经济情况、社会地位、社会关系不同而不同。如果家庭的支持力度较小，大学生在选择择业时，就会选择相对容易进入的行业和职业，而将自己的兴趣、爱好大打折扣；如果家庭的支持力度较大，大学生会寻找社会地位高、收入高的职业。

（四）家庭需要

家庭需要对大学生择业会有一定的影响，可能一些家庭的特殊需要对大学生择业影响更大。比如说家庭有医学祖传秘方或祖传医术的会选择从事医药行业；家庭成员中有患有疑难杂症的，大学生选择职业时选择医药职业的概率较高。

以上家庭因素对大学生职业生涯规划和择业产生的影响是我国特定时期的产物。在我国传统观念中，比较注重人际关系和权力等级。家庭这一社会基本单位的社会地位、社会资本代代延续，其对大学生产生的影响亦是如此。

六、朋友及其他相关人员分析

大学生在选择职业时往往处于真空状态，其并未体验过实际工作，只是根据书本中的案例、身边朋友、校友、同学的选择作为参照标准。这样，一方面，参照别人的成功经验有助于帮助即将进入社会的大学生减少不必要的弯路，尽可能了解实际工作情况；另一方面，如果不能对别人的工作和自身能力进行准确的判断，只是一味的模仿、攀比，很容易制定出不符合自身实际的职业规划，这样很容易错过一些比较好的机会，或者从事某一工作后才发现自己原来是如何的不合适、不喜欢。

第二节 职业要素评估

一、职业能力分析

职业能力包括一个人的体力、智力、知识和技能四个方面，它是一个人选择职业的第一要素。体力指个人的身体素质，包括人的身高、体重、视力、体质、身体劳动能力、劳动负荷能力等，比如运动员对身体素质的要求就非常高，不同类型的运动员对身体素质的要求还不同；智力指人们认识客观事物、理解客观事实、解决实际问题的能力，包括观察能力、认识能力、判断能力、记忆力、创造能力等；知识指通过学习和实践掌握的理论知识和实际经验，包括生活知识、理论知识和实际操作经验；技能是人们在从事实际工作的一般技能和专项技能，主要指专业技术的熟练程度、规范程度。

从每个人的职业能力进行分析，各类职业活动所需要的职业能力不同，同类职业不同层次所需的体力、智力、知识和技能也有所不同。

职业能力的形成不是一蹴而就的，其是在长期实践中形成的，主要包括下列因素：一是先天条件；二是后天学习；三是环境影响；四是在实践中积累形成。职业能力也不是一成不变的，其随着时间、年龄、外部环境等因素的变化而变化，将朝向强变强、强变弱、弱变强、弱变弱等方向发展。朝向不同方向发展的原因在于，个人随着年龄增长、外部环境的变化能否继续学习，更新自身的知识结构，学习新知识、新事物，研究新问题，做时代的弄潮儿，能否不断提升自身的职业能力等。如果安于现状，不积极上进，只能被社会淘汰。

二、职业意向分析

大学生在做职业生涯规划时会有个人职业意向。职业意向指一个人在选择职业时的个人偏好。面对社会上各类职业，一个人对其做出的判断，如哪个职业好、哪个适合自己做，这些都基于个人对职业的评价和意向。职业意向会驱使个人从事某一职业，人们根据自己的择业观念和职业意向，对社会职业加以比较和排序，从而确立自己的职业目标。当然，也是对职业个人兴趣、薪资待遇、社会福利、发展前景进行综合评价选择的结果。

三、单位选择分析

筛选出自己的职业意向后，在选择意向单位时基本思路为：首先，看自己是否符合用人单位的基本条件，包括性别、学历、职称、专业、视力、工作年限、职业技能等；其次，关注自己与工作的匹配度，自己的性格、职业能力与工作的具体要求和工作内容是否相符；再次，考察用人单位提供的薪资报酬、福利待遇、工作环境是否令自己满意；最后，在上述条件都满意的基础上，搜集面试信息和资料进行面试，面试中如有机会进一步了解单位的用人制度、管理模式、规章制度和发展空间等，再综合考虑进行比较选择最满意的用人单位。

第四章 自我认知

自我认知是职业生涯规划的基石，只有自己能够全面认识自己，对自己有全面的评价，才能在自己的职业生涯规划中做出正确的选择，才能规划出适合自己的职业生涯路线，才能在择业时做出最佳选择。自我认知包括对自己的兴趣、价值观、职业能力、性格等方面的全面认识，坚持合理的自我认知原则，通过科学的自我认知方法，对自己进行全面的认识，包括自身的优劣势。自我认知时应谦虚、谨慎、客观、全面，既要看到自身的优点，对自己的缺点也要有合理的评判，这样才能避免盲目性，从而找到合适、满意的工作。

第一节 自我认知概述

一、自我的概念

（一）自我的含义

“自我”就是指真实的自己，表现为个人的身体特征、性格、能力、兴趣等，包含“外在自我”和“潜在自我”两部分。“外在自我”主要指外在表现出来的自己，包括身体特征（外貌、体态等）、生理机制（身体素质等）、感知能力（视觉、听觉、嗅觉、味觉等）、适应能力（应变能力）。“潜在自我”主要指个人的品质（道德、价值观等）、经验（生活经验、工作经验等）、知识（基本常识、专业知识、知识拓展等）、技能（动手能力、专业技能等）、智能（智力程度、理解能力等）。

（二）认识自我

心理学家将自我表示成一个橱窗，通过直角坐标来分析一个人，依据自我和他人对自己的认知将认识自我分为四部分。从心理学角度而言，认识自我共包括四个我，即“公开我”、“隐私我”、“潜在我”、“背脊我”。

“公开我”即自己和别人都知道自己的部分。即自己展示在外，没有隐藏的东西，比如一些个人基本信息，外貌、身高、学历等。

“隐私我”即自己知道、而别人不知道的部分，这部分是属于自己的小秘密。比如，自己不想让他人知道的小缺点，自己心中的愿望、理想等。这部分自我可以通过记日记的方式来了解自己的生活、成长经历。

“潜在我”即自己和别人都不知道自己的部分，这部分往往是个人潜力的体现，潜力是巨大的，但目前自己和别人都不知道。“潜在我”可以通过生活中对新鲜事物的尝试来实现，去观察自身对其他事物的掌握程度，当然通过专业的职业测评软件也可以测评出潜在的自我。

“背脊我”是别人知道、自己不知道的部分，当局者迷往往就是指这种情况。对于这部分的自己，可以借助多与家人、朋友沟通的方式了解自己，沟通中要充分考虑别人的观点，不要产生抵触心理。

从以上分析可以看出，“潜在我”和“背脊我”是认识自我的过程中需要着重了解的内容，了解自己不知道的自己对于认识自我而言有深远的意义。

二、自我认知的内容

自我认知主要从兴趣、性格、价值观、能力等方面入手来进行分析，对这些方面的科学认知，是制定科学职业生涯规划的前提。

（一）兴趣

卡耐基曾经向一位轮胎制造业的成功人士请教成功的秘诀是什么，对方回答“因为喜欢我的工作”。假想如果你所从事的工作是你兴趣所在，即使工作再苦再累，你也报着一种喜欢、感兴趣的心态，就不会感觉自己在做工作。

1. 兴趣的概念

兴趣是人认识某一事物或者从事某一事物表现出来的心理倾向，它表现为人们对于某件事情、某项工作产生的积极的情绪色彩。兴趣是个人积极参与某项事物的认识倾向，当一个人对一件事、某项事物产生兴趣，就会优先关注此项事物，对其产生特别的注意力，对该项事物思维敏锐、记忆深刻，且经常参与这一活动相关的活动。

例如，对美术感兴趣的人，总是对绘画、雕塑等相关的书籍、报纸给予关注，美术展览、绘画座谈对其有很大的吸引力，使其总以积极的情绪去探索、学习。可以看出，兴趣使人对其感兴趣的事物给予优先关注，同时有向往的心情。因此，兴趣是最好的老师，是职业选择的源动力。

2. 兴趣的差异性

每个人的兴趣均存在差异，主要表现在以下几个方面：

（1）兴趣的指向性：指人们对于什么样的事物感兴趣。有人对音乐感兴趣，有人对美术感兴趣。兴趣指向性的不同除个人潜质之外，大多由于生活实践不同造成的。

(2) 兴趣的广度：指一个人感兴趣事物的数量和范围，有些人兴趣广泛，对多种事物存在兴趣；有些人兴趣狭窄，仅对个别事物存在兴趣。

(3) 兴趣的稳定型：指一个人对事物产生兴趣的持续性。一些人的兴趣是持久不变的，他可能会对一些事物产生新的兴趣，但同时也会保留自己固有的兴趣，一些人的兴趣随时在发生着变化。

(4) 兴趣的有益性：兴趣包括高尚的兴趣和低俗的兴趣，前者有益于一个人的身心健康，后者对个人成长会产生负面影响。

(5) 兴趣的效能：即兴趣在个人生活、成长中所发挥的作用。有些人对一些事物产生兴趣会将其付诸实践，是积极主动的去了解、掌握相关知识；有些人的兴趣仅仅停留在感知水平，只是单一的感兴趣，并未表现出进一步了解、认识它的积极性。可以看出，后者的兴趣是无效兴趣，其效能远远不如前者。

3. 职业兴趣

兴趣是人们进行职业选择的一个重要组成部分，选择职业时，往往会考虑自己喜欢什么、不喜欢什么。当一个人的兴趣倾向于某一特定职业时，会形成职业兴趣。职业兴趣在个人职业活动中发挥着重要的作用，通常人们会倾向选择与自身兴趣相关的职业环境，以便最大限度挖掘个人潜力，努力将工作做到最好。职业兴趣在职业活动中的作用如下：

(1) 职业兴趣是影响职业定位和职业选择的重要因素。在职业选择和职业定位的过程中，人们会倾向于寻找自己感兴趣的职业，特别对于大学生而言，如果排除外界干扰的因素，很大一部分学生会选择自己最感兴趣的职业。兴趣发展包括有趣、乐趣、志趣三个阶段，从有趣开始，逐渐变成一种爱好、乐趣，进而与自身的理想、奋斗目标相结合形成志趣，使人坚定地追求这一职业。

(2) 职业兴趣可以增强人的职业适应力。研究表明，如果一个人对某项工作产生浓厚的兴趣，会发挥其才能的80%~90%；相反，如果对这项工作不敢兴趣，只能发挥20%左右的才能，且在工作中容易疲惫、怠工。兴趣可以帮助一个人在陌生的环境中游刃有余，即使面对复杂的工作环境，也能静下心来，全身心投入到感兴趣的工作中去。

(3) 职业兴趣可以增加工作的稳定型。职业兴趣的本质决定了，如果一个人对某项工作感兴趣，会激发起前进的动力和求知的欲望，使其精神状态、智能体能等调整到最佳状态，最大限度地挖掘个人潜力，发挥出个人的主动性。相反，对于自身不敢兴趣的职业容易出现不稳定的现象。

(4) 职业兴趣可以促进人事业成功。职业兴趣与个人价值观、职业目标、理想等紧紧相连，因此职业兴趣在人的职业行为中始终趋向于职业目标即事业的成功。

因为职业兴趣可以帮助个人实现个人理想和事业成功，更应对其进行正确的认识。

①学会甄别个人兴趣。很多大学生喜欢打网游，就认为自己应该专业打网游，这样就大错特错了，大学生应学会甄别自己的兴趣，当兴趣变成职业兴趣时应选择有利于个人成

长的。

②拥有职业兴趣并不意味着不需努力。兴趣变成职业兴趣时，意味着自己可以快乐地做自己喜欢的事，但是同样需要付出汗水和辛苦。不管从事何种工作，想获得成功就要努力付出。

③非职业兴趣也要努力奋斗。理想状态是每个人都从事自己喜欢的工作，自己感兴趣的职业，但现实往往事与愿违，由于各种外界环境的干扰，通常大多数大学生学习的专业并非自己喜欢的，从事的工作也并非自己感兴趣的，这样就需要大学生在现实生活的基础上辩证的分析问题。在现实中追求自己的理想，将从事的工作培养成自己的职业兴趣是大学生的明智之选。

4. 霍兰德的职业兴趣理论

约翰·霍兰德是美国著名的心理学家和职业指导专家，20 世纪 60 年代，他提出职业兴趣理论，他指出兴趣是一种描述人格特质的方法，这是广泛的人格概念在职业选择中发挥着重要的作用。广义的人格是兴趣、价值观、技能、信念的综合体，就职业选择而言，兴趣是人格中最重要的部分，是人与职业匹配的重要依据。

20 世纪 70 年代，霍兰德提出了职业兴趣与职业环境相匹配理论。其首先将职业归属为六种典型的职业环境中的一种，这六种职业环境分别是现实环境、研究环境、艺术环境、社会环境、开拓环境和传统环境。霍兰德认为，职业兴趣是决定一个人选择职业的重要因素，他基于对职业兴趣测试，将从业者的职业兴趣也归纳为：现实型、研究型、艺术型、社会型、企业型和传统型。

霍兰德职业兴趣理论基于四种假设：

（1）大多数人的职业兴趣可归类为现实型、研究型、艺术型、社会型、企业型和传统型的一种；

（2）有六种职业环境的存在，即现实环境、研究环境、艺术环境、社会环境、开拓环境和传统环境；

（3）每个人都在寻找属于自己的职业环境，希望在职业环境中充当自己的角色、发挥自己的能力、实现自己的价值观；

（4）个人行为由个人性格与社会环境共同决定。

霍兰德发现兴趣可以通过有效的方法进行测量，即让人按顺序选择自己想要进入的行业，这种测量兴趣的方法被称为“表达式”兴趣测量法。霍兰德职业兴趣理论减少了职业兴趣的神秘性，同时也帮助大学生了解与自己适合从事的工作，帮助大学生了解工作内容和工作环境。

①现实型（R 型）：也称实际型、实用型。这种类型的人喜欢用自己的头脑来解决一些实际问题，喜欢刨根问底，提出新的想法，喜欢从事一些事务性的工作。他们喜欢从事户外工作或者实际操作的工作，倾向于体力劳动和技艺性工作，以动手能力强、技术高为

荣，而不喜欢行政性工作。这类人的缺点是人际沟通能力较差，他们在表达自己情感的过程中存在一定的困难。属于这类的工作有：木匠、铁匠、电工、机械师、工程师等；

②研究型（I型）：也称调查型、思维型。这类型人喜欢从事思考性、智力型、自主性强的工作，他们愿意去探索、了解、控制一些自然现象和社会现象，他们拥有较高的智力水平和科研水平，喜欢和思想、观念打交道而不是人和物打交道。他们的不足之处是，思考问题偏向理想化，合作能力、领导能力较弱。通常包含的职业有：科研人员、生物学家、天文学家、地质学家、数学家、程序设计师等。

③艺术型（A型）：艺术型着喜欢用文字、音乐、色彩来表达自己的情绪和感情；喜欢创造、自由，不喜欢被束缚，他们有天生的审美能力和创作能力，喜欢将自己投入到喜欢从事的工作中去。缺点是缺乏一些行政能力。属于该类职业的有音乐家、作曲家、美术家、演员、摄影师、漫画家等；

④社会型（S型）：也称服务型。他们喜欢与人合作，喜欢通过人际交往服务他人，关心自己和别人的感受，喜欢倾听和了解别人，愿意帮助别人解决困难，关注社会问题，对于公务服务和教育活动有浓厚的兴趣。不足之处是缺少从事技术活动的能力，缺乏机械能力。他们偏好的职业是社会学者、咨询人员、社会福利机构工作者、心理咨询师等。

⑤企业型（E型）：也称决策型和领导型。企业型者喜欢领导和控制别人，他们为了达到个人和组织的目的去说服别人，希望改善不利的事情，希望自己的表现被别人肯定，追求高水平的收入，通常精力充沛、性格外向、直率果敢、喜欢控制形势，善于表达和领导，喜欢从事管理和行政类工作。这类人的缺点是忽视理念，自身科学研究的能力弱。属于这类的职业有：商业经理、政治家、投资商、零售商、律师等。

⑥传统型（C型）：也称事务型。他们喜欢做规范化的工作，做事规矩而精确，喜欢按部就班，更愿意在大的组织中处于从属地位，不喜欢冒险和创新。他们细致、顺从、有条理、效率高但同时缺乏改变和创新能力。属于这类的工作有：秘书、打字员、出纳、会计、税务员、统计员等。

了解职业兴趣的特点后，通过表4-1了解职业环境，以便寻找出其中蕴含的关系。

表4-1 RIASEC职业环境学说

特征	现实环境	研究环境	艺术环境	社会环境	开拓环境	传统环境
需求	动手能力强，与机器、工具打交道	思维活跃，分析、研究能力强	通过情感、情绪去创造、表达	人际交往能力强，指导、帮助他人	领导和控制别人的能力	行政技能、文职技能
所需要求	懂得遵从，取得实际成果	探索性地思考问题、解决问题	艺术想象力	同情心、责任心、人道主义	主动性、主导型强	可靠性强、愿意服从

续表

特征	现实环境	研究环境	艺术环境	社会环境	开拓环境	传统环境
价值观和人格类型	实践性、生产性	通过学术研究获得知识	非传统观念和行为，具有审美价值观	关注于帮助他人	以获取利益或权利为导向	传统观念较重，关注规矩和秩序
包含的职业	具体的，实践性的活动；使用机器	智力活动，解决和创造知识	表演、艺术创作等非结构性智力探索	以帮助或促进的方式与他人一起工作	通过领导、带领他人达到目标	运用工具来达到预期的目标
职业例举	木匠、机械师	生物学家、科学家	音乐家、设计师	咨询师、社会学家	领导者、律师	秘书、编辑

霍兰德认为每一职业环境需要不同的职业兴趣，每一兴趣均有其特点。每一职业兴趣均有优点和缺点，从人的心理差异来看，无所谓好与坏，只是是否与职业类型相匹配、相协调的问题。

霍兰德认为，同一类型的从业者与同一类型的职业互相结合，可达到最佳适应状态，这样从业者找到了适宜的工作岗位，其积极性和个人能力才能得到充分发挥。即从业者职业兴趣类型与职业类型的相关系数越大，两者适应程度越高；两者相关系数越小，两者适应程度越低。为了直观阐述这一思想，霍兰德通过六角模型相关图来表示（如图4-1）。

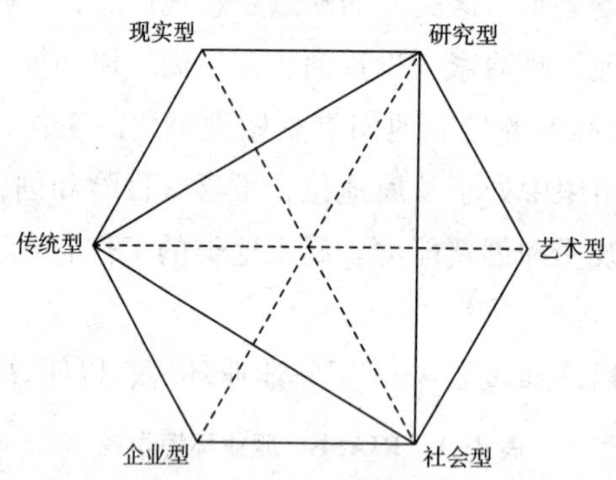

图4-1 霍兰德职业兴趣六角模型图

将六个角分别代表六种职业类型和职业兴趣，六种职业兴趣类型与六种职业相关联，反应在图4-1以连线表示，连线距离越短，两种类型职业兴趣和职业特点的关联性越大，表示个人和职业的适应度越高；当连线为零时，表示从业者的职业兴趣与职业类型高度相关，当同一在一个点（即图中的六个顶点）时，从业者的职业兴趣与从事的职业高度匹配。当然，六个职业兴趣并非完全独立，在一些职业兴趣之间存在着相关性，从图中可以看出，六角形相邻或相近的类型有很多共同点，例如社会型和企业型，他们都有影响力，喜欢和人打交道；六角形上离得最远的类型有最少的共同点，如现实型与社会型；传统型与艺术型。霍兰德认为，个体兼有的职业兴趣相似性越高，个体在选择职业时面临的冲突越少。目前霍兰德职业兴趣理论仍然是全球最流行的人职匹配工具。

（二）价值观

通常，兴趣、性格、气质是影响一个人职业选择的重要因素，但都不是决定因素。现实生活中，之所以每个人的职业选择不同，归根到底是每个人的价值观不同，即人们经常说的“选择即人生”。

1. 价值观的概念

价值观是一个人对周围事物（包括人、物、事）及自己行为的意义、作用、价值、重要性的综合评价。通常，人们常说学雷锋是好事，见义勇为是应该的，价值观是驱使一个人做出决定和行为的内部动力，是区分好坏、明辨是非的心理倾向。

一方面，价值观表现为一种价值目标、价值追求；另一方面，表现为价值尺度和准则，是判断事物有无价值和价值大小的评价标准。一个人的价值观一旦成立，便相对稳定。

2. 价值观的特征

价值观受制于人生观和世界观，是后天在家庭和社会的影响下逐渐形成的，在一定程度上是不可逆的。其具有以下特征：

（1）主观性：虽说评价的客体是客观存在的，但人们在评价事物的好坏、对错、成败、得失时往往是依据自己内心的尺度来衡量的，评价主要取决于自身的需要。

（2）选择性：一个人的价值观是出生、有意识后逐渐形成的，其幼儿时的价值观多数受父母和家庭的影响刚刚萌芽，这个时期的价值观是模仿父母或亲近的人而形成，还没有自己的判断标准。等到成年时，自我意识逐渐成熟，人们开始主观地、有意识地选择自己的价值标准，并形成自己独特的价值观。

（3）稳定型：当一个人的价值观形成后，在特定的时间、地点和条件下是不易改变的，且在人的兴趣、爱好、行为中直接表现出来。但随着人们人生观、世界观的改变和经济地位的调整，价值观也会发生变化。

（4）历史性：不同时期的人受社会环境的影响，所形成的价值观是完全不同的。

3. 职业价值观

职业价值观是指对职业内容的评价，是个人为满足自己的内心需求所追求的工作特质和属性，是个体价值在职业间的反映。

职业价值观并不直接影响职业行为，其在职业行为中只发挥间接作用。作为人们对待职业的一种信念和态度，职业价值观决定了人们的职业期望，影响着人们对职业方向、职业目标和职业标准的选择，但最终能表现出什么样的行为仍取决于个人态度和社会环境。

4. 马丁·凯茨的职业价值观

20 世纪 60 年代末，马丁·凯茨对 250 余种职业进行研究，确定了这些职业是在以下

10种价值观的基础上选择的。

（1）高收入：指除去自己和家庭正常生活开支后还有可以随意支配消费的钱；

（2）社会声望：是社会生活中是否能得到应有的尊重；

（3）独立性：在自己从事的职业中有更多自己做决定的自由；

（4）助人：把帮助别人、助人为乐作为工作中的重要组成部分，帮助他人提升能力，改善福利和教育条件，使其享受健康生活；

（5）稳定型：职业的稳定性较强，在一定时间内不会被解雇和炒鱿鱼，且收入相对较稳定；

（6）多样性：所从事的职业不是一成不变的，它会不断变化工作场所，结识更多的朋友，解决不同的问题；

（7）领导力：在工作中有做决定的权利，可以控制事情的发展方向，愿意承担工作中的责任；

（8）个人喜好：在自己喜欢、感兴趣的领域工作，从事着自己想要从事的职业；

（9）休闲：能有机会休息，而不是一味的工作，不愿意因为工作影响自己的休闲时间；

（10）进入工作领域的时间：如有可能，尽早进入工作领域，来节约时间和支付更高一层面教育的费用。

5. 阚雅玲的职业价值观

我国学者阚雅玲将职业价值观分为以下12类：

（1）收入与财富：工作能够明显有效地改变自己的财务和经济状况，将薪酬作为选择工作的重要依据。工作的动力来源于对收入、物质和财富的追求，通过工作来改变自己的生活质量、凸显自己的身份和地位；

（2）兴趣特长：以自己的兴趣和特长作为选择职业的最重要因素，能够择我所爱、爱我所选，这样可以在工作中得到乐趣、成就感。在一些时候，拒绝做自己不喜欢的工作；

（3）权力地位：有较高的权力欲望，希望能够控制和影响他人，使他人遵照自己的意志去执行；认为有较高权力的人会得到别人的尊重，在较高的权力地位中得到成就感和满足感；

（4）自由独立：工作时间是相对有弹性的，不喜欢受到过多的约束，希望可以自由地掌握自己的时间和行为，不想和过多的人产生工作交集，不想受制于人也不希望去管理别人；

（5）自我成长：工作能给予职业培训、技能提升的机会，使自己的技能、经验和阅历得以丰富和提升；

（6）自我实现：工作能够提供平台和机会，给自己的专业技能和综合能力提供施展的平台，在工作中实现人生价值；

(7) 人际关系：在意自己工作单位的人际关系，希望在一个有爱、互助、和谐甚至被关爱的环境中工作；

(8) 身心健康：工作能免于危险、焦虑、紧张、恐惧，不希望过度劳累，使自己的身心健康受到影响；

(9) 环境舒适：工作环境舒适宜人；

(10) 工作稳定：工作相对稳定，不需担心裁员和被辞退，不需要经常性奔波重新选择职业；

(11) 社会需要：能够根据社会和组织的需要响应号召，为社会和集体做出贡献，发挥光和热；

(12) 追求新意：希望工作内容能有所调整，使工作和生活有激情、丰富多彩，而不枯燥泛味。

(三) 性格

现实生活中，我们可以发现身边的同学，有的沉着冷静、有的热情活泼、有的细致谨慎、有的大大咧咧，这些都是由于人的性格不同而决定的。性格对于个人未来从事的事业具有重要意义。

1. 性格的概念

性格是一种十分复杂的心理现象，它是一个人独特的心理特征的综合，它是在社会环境中，受家庭教育、学校教育和社会熏陶下形成的。通常，性格被定义为一个人对外部环境稳定的态度和习惯性的行为。

“江山易改、秉性难移”就是指性格的稳定型，一个人的性格往往的很难改变的，当然也不排除一个人身上发生重大打击后呈现出判若两人的性格。

2. 性格的特征

性格是复杂的心理现象，因此其构成也非常复杂，分析性格可以以其多个侧面为角度进行分析，一般主要从内外向、情绪化程度、独立性、控制力等方面进行分析。其特征主要表现在以下方面。

(1) 性格的态度特征。指一个人对生活各个方面的态度表现出来的性格特征。对自己的态度特征有自尊或自卑，骄傲或自负，严于律已或放任自己；对社会、集体和他人的态度特征有热爱集体或自私自利，温文尔雅或粗枝大叶，有爱心、有同情心或冷酷无情，公而忘私或假公济私；对学习和工作的态度特征有勤恳或懒惰，认真或马虎，专心致志或三心二意，坚持创新或墨守成规。

(2) 性格的意志特征。指个人在调节自身心理状态时所表现出的性格特征，个人的行为方式往往反映出其意志特征。优良的有：自制力强、自觉性高、坚定、勇敢；相反的，自制力差、盲目、优柔寡断、怯弱等。

(3) 性格的情绪特征。指个人在情绪表现方面呈现的心理特征，主要反应在情绪反应的强度，持续性，起伏度等。如暴躁或温和、情绪饱满或郁郁寡欢、积极与消极等。

（4）性格的认知特征。指个人在认知活动中表现的心理特征。在感知方面，能根据一定的目标主动观察属于主动观察型，否则就是被感知型；有的倾向于感知整体属于综合型，有的倾向感知细节，属于分析性；有的感知速度快属于快速感知型，有的倾向于精确感知，属于精确感知型。

3. 职业性格

性格影响着一个人对工作的适应性，无论哪个行业都对从业者的性格有着一定的要求，同样，从业者要想很好的适应某一职业就应具备这一职业的性格要求。人的性格与职业的适应性有着密切的联系，某一特定性格的人适合从事某一职业，某类职业也需要性格相匹配的人来从事。

职业性格指与职业相关的性格，当前研究性格最主流的是“九型性格”，其揭示了一个人内心深处的价值观和关注点。九型性格特点分析如表4-2所示。它可以让人了解自己的个性，接纳自己的短处，使人懂得如何和不同性格的人融洽相处，从而建立起合作关系。

表4-2　九型性格特点分析

性格类型	特　点	适合职业
完美型	相信原则、坚持原则、忠诚守信；思路清晰、组织能力强；喜欢不断学习新事物、学习能力强；正义感强，道德感强；自律能力和自觉性强，善于总结自己；善于发现组织的错误并提出整改意见；公平、正直、正义	法官、医生、会计、纪检等
成就型	勤奋上进、有自己的奋斗目标；条理分明，思维清晰；精力充沛、活力十足；工作效率高，懂得变通；人际交往能力强；善于处理公关危机；乐观、自信，容易感染别人	推销员、销售、演讲、公关等
思考型	善于收集信息、对信息进行分类处理，以得到预期结果；观察敏锐，能捕捉到问题的关键；善于动脑、分析能力强；冷静、客观、理智；学习能力和融会贯通能力强；有创造力；表达能力强，能清晰表述自己观点	科学家、咨询顾问等
自我型	有灵感、有创意和创造力；直觉敏锐，有过人的洞察力；热情洋溢，能投入饱满的热情到工作中去；真诚、直率，为人友善	艺术家、设计师、市场推广等
助人型	有爱心和同情心；乐于助人，主动帮助别人；慷慨热情，懂得迎合别人需要；善于同不同性格的人交往，并获得信任和喜欢；能主动赞美别人，赢得友谊；善于表达自己的情感	教师、护士、客服人员等
忠诚型	忠诚、可靠、诚实；踏实、肯干、责任心强，能带领团队共同完成任务；善于照顾别人，乐于付出，注重团队价值，与他人平等合作；感官灵敏、警惕性高；有同情心，讨人喜欢	秘书、情报员、保卫人员、策划等
活跃型	开朗、乐观、热情，能同不同性格的人做朋友，善于积累人脉；想象力、创造力丰富；魅力十足，能带动和舒缓团队气氛；聪明灵活、多才才艺、善于表达；工作效率高、办事能力强	公关、社交等

续表

性格类型	特点	适合职业
领导型	富有领导才能、组织能力、能充分调动团队的积极性；精力充沛，工作效率高；果断、坚定；有开创精神，善于突破重围；能排除情绪干扰，善于处理危机；自信、不言败；不计得失，友善对待家人、朋友	做团队的领导者或创业者
和平型	亲切且肯妥协；有耐心，善于倾听别人，且能稳定他人情绪；宽容、大度、包容力强，能认同别人；冷静平和，能平等对待他人；具备外交能力，吸引别人与之交往；触觉敏锐	服务人员、咨询师、教师等

（四）能力

大学生在求知面试时，经常会提到“我有较好的与人沟通能力、学习能力”等，可以看出，能力是用人单位最关注的问题，也是大学生经过多年的积累和培养最想展示的方面，在目前激烈的就业竞争中，各方面的能力会在关键时刻助“你”一臂之力。

1. 能力的概念

通常我们所指的能力是指一个人拥有的完成某件事情的资质和本能。从心理学角度而言，能力是直接影响活动效率、能促使活动顺利进行的心理特征，如记忆力、反映能力、学习能力、逻辑思维能力等。

能力一方面来源于先天遗传，另一方面也在于环境影响和塑造。著名的指挥家周舟就是一个典型的事例，他前天智障，生活不能自理，但其对于音乐有过人的天赋，观看乐队表演时，表现出一定的乐感，经过培养、塑造，其成为了著名的指挥家。可以说，能力的表现需要一定的载体和活动，否则只能处于潜在和未知状态。

2. 能力的分类

一个人的能力可以从多个角度去描述，通过多种角度对能力进行分类，以便更加全面的了解能力。

（1）能力可分为一般能力和特殊能力。一般能力主要指智力，包括观察力、记忆力、想象力等；特殊能力指从事某项活动的能力，也指特长，如逻辑思维能力、空间判断能力、语言表达能力等。

（2）能力可分为实际技能和潜在能力。要完成一项工作，具备具备一定的实际技能；当一个人从事某项工作时，如果想要获得成功，就要充分挖掘自己的潜在能力。

3. 职业能力

能力总是与活动紧密联系在一起的，它在活动中才能中才能充分表现出来，且在活动中得到发展和提升。一个人一生要经历各种各样的活动，需要具备多种能力。这里所指的能力就是劳动者从事社会生产所具备的能力，即职业能力。职业能力是一个人进入职场的先决条件和能否胜任工作的重要因素。

职业能力又可分为通用职业能力和专项职业能力。通用职业能力指用人单位要求的必要职业能力，如团队协作能力等；专项职业能力是由具体的职业客观要求的，即做好某一项工作应具备的工作能力。

大学生在做职业生涯规划和选择择业时，应认真分析自己具备的能力，因为每个人的能力都有优势和不足，关键在于能够识别且能充分利用，实现能力与职业、岗位相匹配。应注意以下方面：

（1）不同能力类型的人适合从事不同的职业，不同职业和岗位对人的职业能力的要求也不同。因此，应注重能力类型与工作性质的匹配度；

（2）同一职业中有不同的层次（高级、中级、低级），每一层次对能力的要求也是不同的，因此，应注重能力层次与职业层次的匹配；

（3）正确认识自己拥有的特殊能力。特殊能力通常就是我们所说的特长，它是一个人的特殊天赋，应对自己的特殊能力有正确的认识，并不断发展。

4. 几种常见的能力

（1）语言能力

指掌握语言的能力。语言能力强的人，善于表达自己的观点和思想，其语言和文字具有较强的感染力和鼓舞力。这类人适合从事演讲家、教师、主持人、商业营销等职业。

（2）观察能力

指大脑对事物的观察能力，如通过观察发现一些新鲜的事物等。观察能力强的人善于发现，对事物的发生和具体细节有较强的知觉。适合的职业有护士、医生、记者等。

（3）数理能力

数理能力强的人，能够进行快速运算、找出逻辑关系、进行合理推理、解决应用问题。近几年公务员行政能力测试中均涉及数理能力的题型，其适合从事的职业有精算师、会计师、审计师、建筑师、金融师等。

（4）社交能力

指与人交往的能力，社交能力强的人思维活跃，善于与人交往，能合理处理人与人之间的关系，形成和谐融洽的人际关系。社交能力强的人适合从事公关、导游、外交等职业。

（5）动手能力

动手能力强的人，可以准确快速的操纵工具，可从事司机、技工、机械师、汽车维修等职业。

（6）组织协调能力

指根据既定目标，对资源进行分配、控制、协调、激励群体，从而实现组织目标的能力。组织协调能力包括组织能力、授权能力、激励能力、协调能力等。组织协调能力强的人，善于统筹协调，善于事物管理和组织安排，善于协调人际关系。通常比较适合从事公共事业管理、企业经理、行业主管、部门领导等职业。

（7）逻辑思维能力

通过对事物的观察、比较、综合、思考、推理和分析的能力，采用科学的逻辑方法，准确有条理地表达自己思维过程的能力。逻辑思维能力强的人，善于推理和思考，综合分析能力强，可从事策划、咨询、顾问、理论研究等工作。

第二节 自我认知方法

要做好自我认知，应从主观和客观两个角度努力，同时要学会运用心理测评软件和咨询相关专家。

一、自我评价法

自我评价是被评对象依据评价标准对自身所做的评定和价值判断。随着教育评价观的转变，自我评价在教学评价中的地位也大大提高，这种评价方法也越来越被教育研究人员和学校教师所关注和研究。自我评价的方法灵活多样，一般采用的方法有：定性分析与定量分析相结合；诊断性评价、形成性评价与总结性评价相结合：绝对评价、相对评价与个体内差异评价相结合；还可采取写自我鉴定、写日记、写读书笔记、同学间相互提问、自我奖惩等方法。当然，自我评价应该与他人评价结合起来，因为他人评价（如教师的指导性评价、同学间鉴定性评价）客观性较强，比较能反映学生学习的实际状况，还能促进学生自我评价能力的形成；而自我评价由于缺乏外界参照体系，不便进行横向比较，主观性强，容易出现评价者或高或低的趋向，甚至存在报喜不报忧的情况。因此，大学生首先应掌握自我评价的方法，再结合自身特点，结合外部的要求来选择合适的评价方法，提高自我评价的效果。

（一）自我实现分析

首先，要正确地认识自我，有效地把握自我，对自己的人生态度、兴趣和理想有充分的认识。其次，要正确地对个人现实状况、智力状况、学习能力、个性特征、优点特长、存在问题等方面进行分析，确定自己最适合的目标。再次，要对自己的性格、习惯、吃苦精神、意志品质、学习方法、可能遇到的困难等方面进行分析，保证完成已确定的目标。

（二）总结过去的经验

回顾过去，对自己的理想、期望、品德、行为、学习成绩进行理性思考，然后认真地描述和判断自己的特点。另外，可以对自己过去的成功经验和失败教训进行回顾，分析原因。需要注意的是，要尽量以客观评价为依据，避免因为个人认识或个人动机出现较大误差。

（三）运用成长记录袋

成长记录袋记录着自己的作业完成情况，每次考试的成绩，自我评价，教师或同伴做出评价的有关材料，自己的作品、反思，学习和进步的证据以及存在的问题，还有其他相关的证据与材料等。成长记录袋可以说是记录了学生在某一时期一系列的成长过程，是评价进步过程、努力程度、反省能力及其最终发展水平的理想方式。成长记录袋是进行自我评价重要依据。

二、客观评价法

要做好自我认知，除了主观上要认识自我之外，应采取客观渠道来认识自我，这也是正确认识自己的一个关键途径和方法。

（一）参照他人的评价

美国社会学家查尔斯·霍顿·库利在 1902 年提出“镜中我”的观点，他人对你的评价和反馈就如一面镜子，可以知晓最真实的自己。依据老师、同学、家长对自己的评价，可以看到个人的闪光点和灰暗面。要学会参照他人的反馈来认识自我，注意聆听自己周围人对自己的评价和反馈。因为，自己身边的家长、老师、同学对你的评价是最真实的，有助于全面认识自我。

（二）与他人进行比较

人们在认识自我的过程中，往往经历着与别人的比较。大学生可以比较的方面很多，可以横向比较（如与自己同龄人、同学的比较），亦可纵向比较（如同专业高年级同学或已经参与工作的学长、学姐）；可以比较自己的综合素质，也可以比较单项能力（表达能力、动手能力等）；可以与自己的竞争对手进行比较，找出自身不足，通过分析，知己知彼，心中有数。简而言之，就是要通过各种比较，知道自己与别人的差距，找准自己与不同比较对象的定位，以便取长补短，获得更大的进步，这也就是通常说的“以人为镜”。

人的根本属性是社会性，在现实生活中，每个人都会不自觉地与别人进行比较，基于认识自我的前提，比较一定要客观、真实。

（三）橱窗法

橱窗法就是把对个人的了解比作橱窗，笔者在职业探索篇中第二章第一小节已做详细介绍，在此不再重复。

三、专家咨询法

在认识自我的过程中，也可适当的向专业的职业咨询师寻求帮助，从而获得评价和指导。

职业咨询师首先会全面了解你的个性、能力、兴趣、生活环境等个人特征，同时根据自己的专业知识，从专业角度帮助你分析自我，给出合理化的“认识自我”，当然，个人可以根据自己所要知道的某一些方面的特质，通过意见征询的方式向专家请教，从而解决一些具体的问题和疑惑。

四、心理测试法

心理测试（Psychological Test）是一种比较先进的测试技术，它是指通过一系列手段，将人的某些心理特征数量化，来衡量个体心理因素水平和个体心理差异差异的一种科学测量方法。

心理测试使用的是工具是量表，这些测验量表是专家精心设计的一种力求客观的测量手段，它的特点是能够在较短时间内测出一个人的某方面特点，使个人能够在短期内获得对自己较为客观的描述和评价，再结合目标的要求，帮助自我进行学习方法的选择或调整。近年来，随着心理测试的兴起，其成为了解自己、认识自己的有效方法，它的科学性和准确性相对较高。

心理测试种类繁多，笔者从不同的角度对其进行归类，供有需求的大学生进行选择。

（一）按照心理测试内容进行分类

（1）人格测试：通过心理学对人格的估量和看法，对一个人的人格进行分析、测试。通常采用问卷法和投射法来印证进行。

（2）智力测试：测量、评估一个人的智力水平。智力具有隐蔽性和抽象性等特点，很难直接掌握，掌握智力测试方法，便于自己选择合适的测试工具。常用的智力测试有 Binet-Simon 智力量表、Wechsler 成人智力量表等。

（3）能力测试：通常测试人的某种能力，如写作能力、运动能力等。

（4）职业倾向测试：职业能力的大小与发展与个人对职业兴趣密切相关。主要测试工作有爱丁堡职业倾向问卷、库德职业偏好记录等。

（二）根据测试目的进行分类

可分为描述性测试、提示性测试和诊断性测试。描述性测试目的是对一个人的能力、兴趣进行描述、分析；提示性测试在于从测试结果中分析其可能出现的心理倾向；诊断性测试在于对人的行为特征和心理特征进行评估，从而确定其性质。

（三）根据测试材料进行分类

分为文字测验和非文字测验。非文字测验主要由图片、实物、模型组成，测试主要以实际操作为主。

（四）根据测试对象进行分类

可分为单独测试和群体测试。单独测试主要指一对一测试，群体测试指一对多测试，主要用于广泛的心理调查。

第五章 职业测评

第一节 职业测评概述

职业测评是心理测验的一个分支，通常被定义为“行为样组客观标准的测量，”被广泛应用于职业管理领域。职业测评采用心理学、管理学、测量学、行为科学与计算机科学相结合的系列科学手段对人的性格、行为、兴趣、能力进行测量与评估，帮助个人更好地认识自我，助其进行职业规划和选择。

职业测评这一概念包含两层涵义，分别是“测”与“评”。测，取度量之义，通常我们通过用尺子测量距离，用天平测量重量。在职业测评中，主要使用专业的职业测评系统将抽象的概念如职业能力、职业潜力转换成具体的事物；评，取说出判断，发表意见之义。测是手段，评是目的。职业测量之后，通常会得出测评报告，其中有对个体的详细解释，通过这份报告，个体可以了解自身特点，了解自己的职业潜力。

近年来，随着职业生涯规划的理念深入高等学校，专业的职业测评逐渐被众多大学生所接受。大学生意识到，要明细自己究竟适合从事什么样的工作，首先应知道“我是谁”即从了解自我、认识自我开始，只有明确我“我是谁”、“我的兴趣爱好是什么”、“我能够做什么”等问题，才能选择出最适合自己的职业。职业测评就是为这个匹配性选择提供方法。

一、职业测评特征

（一）间接性

职业测评属于心理测验的范畴，目前人的心理是无法直接测量的，其只能通过被测量人的外在行为来推测其心理特征。所谓的心理特征是指一个人在日常生活中（先天遗传和后天环境的影响下）形成的比较稳定且经常出现的心理特点，包括能力、气质和性格。其具有独特性、倾向性、稳定性和可辨识性等特点，同时也是一个抽象的概念。

通常我们通过统计一个人的外在行为去估量其心理特征。比如，王同学速记非常快，且能过目不忘，我们就推论王同学记忆力好；非计算机专业的任同学喜欢阅读计算机相关书籍和资料，喜欢拆装、维修计算机，喜欢研究计算机发展的最新动态，我们就推论任同学对计算机有着浓厚的兴趣。可以看出，心理特征不能直接测量，只能由个人行为推论得出，因此，职业测评也具有间接性。

（二）相对性

对一个人行为的比较没有绝对的标准，其主要采用连续行为序列作为衡量标准。职业测评主要就是测量出一个人在这一连续行为序列中处于什么样的位置，由此衡量一个人的性格特征、能力高低和兴趣大小。因此，职业测评的结果不是绝对的，它是由被测者的个人行为与大多数人的行为相比较得出的一个相对准确的结果。

（三）标准化

标准化是指职业测评的整个过程应具有一致性，这是对职业测评的要求，也是一个优秀的职业测评者应遵守的原则。

标准化不仅包括职业测评项目的编制，项目的实施环境和项目的实施者，同样，对被测评者的要求也是一致的，这样职业测评才有意义。

（四）客观性

一项职业测评的存在价值取决于其是否科学，是否科学的一个根本标志就是测评是否客观。

职业测评的客观性表现在：一是测评题目的选择不是随意的、主观的，其源于测评，且经过实证分析确定；二是测评的实施、解释是客观的不随人的主观意识为转移。

二、职业测评功能

职业测评的最终目的是实现人适其职，职得其人。其在研究、辅导大学生职业生涯规划过程中发挥着重要的作用，具体而言，其具有鉴定、预测、诊断等功能。

（一）鉴定功能

鉴定功能是职业测评最直接的功能，指对人的性格、兴趣、价值观、心理素质、职业技能等作出评定和鉴定。职业测评综合了心理学、管理学、计算机科学等众多科学方法，其可以对被测评者进行准确、客观的鉴定，并将结果以定量的形式表现出来。

（二）预测功能

职业测评结果可用于预测被测评者未来工作、职业训练中的表现。其以目前在此工作领域表现突出的样本为参照标准，通过评估受测者目前掌握的知识、拥有的职业技能和个人发展潜力，测量出被测者未来是否具有在这一工作领域获得成功的技能。

（三）诊断功能

当个人职业生涯在发展过程中出现迷茫、止步不前甚至倒退时，职业测评通过对被测评者进行客观评价，有利于个人及时找出心理素质、价值观、职业技能等方面存在的问题，以便采取有针对性的措施改善思维方式、更新知识结构、优化职业技能，从而实现持续发展。

（四）激励功能

职业生涯的发展是一个持续发展过程。职业测评结果能够激发个人积极向上的动机和要求进步的愿望，帮助个人认识到个人职业生涯发展过程中的值得把握的机会，从而不断地提高个人的综合素质和职业技能。每个人都期望自己表现优异，希望自己在测评中取得满意的成绩，这在一定程度上鼓励人们更加发奋努力、不断进取。

实际使用职业测评的过程中，均会根据不同个体不同职业阶段的需要，选择职业测评中的某项功能或多项功能。

第二节　常用职业测评工具

一、职业兴趣测验

职业兴趣测验用于了解一个人的兴趣方向，测试一个人最感兴趣的并从中得到满足的工作。

（一）斯特朗职业兴趣调查表（SCII）

斯特朗职业兴趣调查表是最早的职业兴趣表，编制于 1927 年，采用的方法是：取两组被测试对象，一组为普通人，另一组为专门从事某种职业的标准职业者，两组被测试者同时接受测验，将两组被测试者反映不用的题目放在一起，构成量表。该调查表包含 8 个部分，317 个题目。

（1）职业：135 种职业名称，测试对每一职业的喜好度，喜欢（L）、不喜欢（D）、无所谓（I）；

（2）学校科目：39 个学校科目，测试对每一科目的喜好度，喜欢（L）、不喜欢（D）、无所谓（I）；

（3）活动：46 个职业活动，测试对每一职业活动的喜好度，喜欢（L）、不喜欢（D）、无所谓（I）；

（4）休闲活动：29 个娱乐活动和爱好，测试对每一休闲活动的喜好度，喜欢（L）、不喜欢（D）、无所谓（I）；

（5）不同类型的人：20 类人，测试对每一类人的喜好度，喜欢（L）、不喜欢（D）、无所谓（I）；

(6) 两种活动之间的偏好：30 对活动，指出对每对活动的偏好度，偏爱左边的活动(L)、右边的活动（R）、或没有偏好；

(7) 个性：12 种个性特点，根据这个特点是否是描述自己：是（Y）、否（N）、不知道；

(8) 对工作世界的偏好，6 对观念、数据和事物，在每对中指出偏爱左边的题目(L)、右边的题目（R）或没有偏好。

斯特朗职业兴趣调查表为人们的就业方向和职业发展提供了帮助，通过斯特朗职业兴趣测试的结果与不同类型、不同职业的人的平均水平进行比较，了解被测试者在工作领域、职业行为等方面感兴趣的程度，明确自己是否能从事某一领域的事业。

（二）库德职业兴趣调查表（KOIS）

1934 年，库德编制了库德偏好记录——职业篇。他采用的方法是：将所有职业分成 10 个兴趣领域，然后确定与之相应的 10 个同质性量表，受测者的结果按照量表计分，根据计分高低确定主要的兴趣领域。10 个兴趣领域分别是：户外活动、机械、计算、科学、游说、艺术、写作、音乐、社会服务和文书等。

随后，修订形成库德一般兴趣调查表，专供小学六年级至高中三年级同学使用；后来版本库德职业兴趣调查表的记分与 SCII 一样是参照特定的职业团体计算出来的，其被测试的每一个职业量表的得分是通过他的兴趣形态与职业团体人士的兴趣形态相关值来表示。

（三）霍兰德职业兴趣测验

霍兰德职业兴趣测验是根据美国著名职业指导家霍兰德职业理论编制而成的，注重个人特质和未来工作的结合，得到测验结果后，借助明确的方向进行职业探索，有利于引导受测试者走向积极的探索过程，同时，受测试者根据测试结果在特定的职业群进行探索，在与个人兴趣相关联的进行选择，这样可以避免盲目、单一的选择。

霍兰德职业兴趣测验的具体内容已在第二篇 职业探索篇第二章第一节做详细介绍，在此不再重复。

二、职业人格测验

职业人格测验是指对人的行为起稳定作用的心理特征和行为倾向进行定量的分析，来进一步测试个人的未来工作绩效。

（一）卡特尔 16 种人格因素测验（16PF）

卡特尔 16 种人格因素测验，简称 16PF，是美国伊利诺州立大学人格及能力测验研究所卡特尔教授（R. B. Cattell）编制而成，他经过几十年的系统观察和科学实验通过因素分析统计法得到精确的测验。测验大约需要 45min 左右的时间，能测量出 16 种主要人格特征。卡特尔 16 种人格因素测验在国际上有广泛的影响，效率和信度较高，用于评估 16 岁以上个人人格特征，广泛用于人才测评、人才选拔、人才选定、心理咨询等，于 1979 年引入国内并由专业机构修订为中文版。

16 种人格因素是相对独立的，相互之间和相关度极小，每一种因素的测量都能使被试某一方面的人格特征有清晰而独特的认识，更能对被试人格的 16 种不同因素的组合作出综合性的了解，从而全面评价其人格，了解所适合的职业，如表 5-1 所示。

表 5-1 16PF 的人格因素

因　素	低分者的特征	高分者的特征
因素 A：乐群性	沉默，孤独，冷淡	外向，热情，乐群
因素 B：聪慧性	思想迟钝，学识浅薄，抽象思考能力弱	聪明，富有才识，富于抽象思考
因素 C：稳定性	情绪激动，易烦恼	情绪稳定而成熟，能面对现实
因素 E：恃强性	谦逊，顺从，通融，恭顺	好强，固执，独立，积极
因素 F：兴奋性	严肃，审慎，冷静，寡言	轻松兴奋，随遇而安
因素 G：有恒性	苟且敷衍，缺乏奉公守法精神	有恒负责，做事尽职
因素 H：敢为行	畏怯退缩，缺乏自信心	冒险敢为，少有顾虑
因素 I：敏感性	理智，着重现实，自恃其力	敏感，感情用事
因素 L：怀疑性	信赖随和，易与人相处	怀疑，刚愎，固执己见
因素 M：幻想性	现实，合乎成规，力求妥善合理	幻想的，狂放任性
因素 N：世故性	坦白，直率，天真	精明能干，世故
因素 O：忧虑性	安详，沉着，通常有自信心	忧虑抑郁，烦恼多端
因素 Q1：实验性	保守，尊重传统观念与行为标准	自由，批评激进，不拘泥于现实
因素 Q2：独立性	依赖，随群附和	自立自强，当机立断
因素 Q3：自律性	矛盾冲突，不顾大体	知己知彼，自律严谨
因素 Q4：紧张性	心平气和，闲散宁静	紧张困扰，激动挣扎

（二）迈尔斯 - 布里格斯性格测量表（MBTI）

迈尔斯 - 布里格斯 MBTI 性格测量表主要了解人们在做事、决策、获取信息时的偏好（或倾向），能够使人们更好地认识自己，可以帮助企业 HR 对不同类型的人进行组合。偏好并无优劣之分，却形成了人与人之间的不同。

MBTI 性格理论的四个维度：

能量倾向：外倾（E）　　内倾（I）

接受信息：感觉（S）　　直觉（N）

处理信息：思考（T）　　情感（F）

行动方式：判断（J）　知觉（P）

MBTI 16 种性格类型如表 5-2 所示。

表 5-2 MBTI 16 种性格类型

	S	S	N	N	
I	ISTJ	ISFJ	INFJ	INTJ	J
I	ISTP	ISFP	INFP	INTP	P
E	ESTP	ESFP	ENFP	ENTP	P
E	ESTJ	ESFJ	ENFJ	ENTJ	J
	T	F	F	T	

MBTI 16 种性格类型及通常具有的特征如表 5-3 所示。

表 5-3 MBTI 16 种性格类型及通常具有的特征

ISTJ	ISFJ	INFJ	INTJ
沉静，认真；贯彻始终，得人信赖而取得成功，讲求实际，注重事实，能够合情合理地去决定应做的事情。而且坚定不移地把他们完成，不会因外界事物而分散精神，以做事有次序、条理为乐，不论在工作上、家庭上或者生活上，重视传统和忠诚	沉静，友善。有责任感和谨慎。能坚定不移地承担责任。做事贯彻始终、不辞辛劳和准确无误。忠诚，替人照想，细心；往往记着他所重视的人的种种微小事情，关心别人的感受。努力创造一个有秩序，和谐的工作和家居环境	探索意念、人机关系和物质拥有欲的意义和他们之间的关系。希望了解什么可以激发人们的推动力，对别人有洞察力。尽责，能够履行他们坚持的价值观念。有一个清晰的理念以谋取大众的最佳利益。能够有条理地、果断地去实践他们的理念	有具创意的头脑。有很大的冲劲去实践他们的理念和达到目标，能够很快地掌握事情发展的规律，从而想出长远的发展方向，一旦作出承诺，便会有条理地展开工作，直到完成为止，。有怀疑精神，独立自主；无论为自己或为他人，有高水准的工作表现
ISTP	ISFP	INPF	INTP
容忍、有弹性；是冷静的观察者，但当有问题出现，便迅速行动，找出可行的解决方法。能够分析哪些东西可以使事情进行顺利，有能够从大量资料中找出实际问题的重心，很重视事件的前因后果，能够以理性的原则把事实组织起来，重视效率	沉静，友善。敏感和仁慈。欣赏目前和周遭所发生的事情。喜欢有自己的空间。在做事又能把握自己的时间。忠于自己所重视的人。不喜欢争论和冲突，不会强迫别人接受自己的意见或价值观	理想主义者，忠于自己的价值观及自己所重视的人。外在的生活与内在的价值观配合。有好奇心，很快看到事情的可能与否，能够加速对理念的实践。试图了解别人、协助别人发展潜能，适应力强，有弹性；如果和他们的价值观没有抵触，往往能包容他人	做任何感兴趣的事物，都要探索一个合理的解释。喜欢理论和抽象的事情，喜欢理念思维多于社交活动。沉静、满足、有弹性、适应力强。在他们感兴趣的范畴内，有非凡的能力去专注而深入地解决问题。有怀疑精神。有时喜欢批评，常常善于分析
ESTP	ESFP	ENFP	ENTP
有弹性，容忍；讲求实际，专注及时的效益。对理论和概念上的解释感到不耐烦，希望以积极的行动去解决问题。专注于“此时此地”，喜欢主动与别人交往。喜欢物质享受的生活方式。能够通过时间达到最佳的学习效果	外向、友善，包容。热爱生命、热爱人，爱物质享受，喜欢与别人共事。在工作上，能用常识、注意时机现实的情况，使工作富趣味性。富灵活性、即兴性，易接受新朋友和适应新环境。与别人一起学习新技能可以达到最佳的学习效果	热情而热心，富于想象力。认为生活是充满很多可能性。能够很快地找出时间和资料之间的关联性，而且有信心地依照他们所看到的模式去做。很需要别人的肯定，也乐于欣赏和支持别人。即兴而富于弹性，时常信赖自己的临场表现和流畅的语言能力	思维敏捷，机灵，能激励他人，警觉性高，勇于发言。能随机应变地去应付新的和富于挑战性的问题。善于引出在概念上可能发生的问题，然后很有策略地加以分析，善于洞察别人，对日常例行事物感到厌倦。甚少以相同方法处理同一事情，能能够灵活地处理接二连三的新事物

续表

ESTJ	ESFJ	ENFJ	ENTJ
讲求实际，注重现实，注重事实。果断，很快做出实际可行的决定。能够安排计划和组织人员以完成工作，尽可能以最有效率的方法达到目的。能够注意日常例行的工作的细节。有一条清晰的逻辑标准，会有系统地跟着去做，也想别人跟着去做。会以强硬态度去执行计划	有爱心、尽责，合作。渴望有和谐的环境，而且有决心营造这样的环境。喜欢与别人共事。能准确地、准时地完成工作。忠诚，即使在细微的事情上也能如此。能够注意别人在日常生活中的需要而努力供应他们。渴望别人赞赏他们和欣赏他们所做的贡献	温情，有同情心，反应敏捷和有责任感。高度关注别人的情绪、需要和动机。能够看到每个人的潜质，要帮助别人发挥自己的潜能，能够积极地协助他人和组织的成长。忠诚，对赞美和批评都能做出很快地回应。社交活跃，在一组人当中能够惠及他人	坦率、果断、乐于作为领导者。很容易看到不合逻辑和缺乏效率的程序和政策。从而开展和实施一个能够顾及全面的制度去解决一些组织上的问题。喜欢有长远的计划，喜欢有一套制定的目标。往往是博学多闻的。喜欢追求知识，又能把知识传给别人，能够有力地突出自己的主张

MBTI 与职业的匹配：

知道自己的 MBTI 类型，可以帮助你了解自身的职业倾向。有研究数据表明：S－N、T－F 两种维度的组合 ST、SF、NF、NT 与职业的选择更为相关。

ST 型的人更关注通过实效和实际的方式应用详细资料，如商业领域。例如，一位 ST 型的心理咨询硕士将会成为心理测评和应用方面的专家。

SF 型的人喜欢通过实践的方式帮助别人，如健康护理和教育领域。例如，一位 SF 型的心理咨询硕士将关注自己的管理、督导技能，以发展和促进同事之间有效的工作关系。

NF 型的人希望能通过在宗教、咨询、艺术等领域的工作来帮助人们。例如，一位 NF 型的心理咨询硕士将成为临床专家来帮助人们成长、发展，学习如何更好地了解自己和他人。

NT 型的人更关注理论框架，如科学、技术和管理，喜欢挑战。例如，以为 NT 型的心理咨询硕士将运用他的战略重点和管理技巧，成为人力资源领域的管理者。

如表 5-4 所示，16 种类型各有其职业倾向。其中，职业倾向的描述都是从大的类别描述的，从中理解自己的职业倾向时，不要陷入类别名称的描述，而要关注这一类别工作的特点。

表 5-4　MBTI 16 种性格类型的职业倾向

ISTJ	ISFJ	INFJ	INTJ
管理者 行政管理 执法者 会计 或者其他能够让他们可以利用自己的经验和对细节的注意完成任务的职业	教育 健康护理（包括生理、心理） 宗教服务 或者其他能够让他们运用自己的经验亲力亲为帮助别人的职业，这种帮助是协助或辅助性的	宗教 咨询服务（包括个人、社会、心理等） 教导/教学 艺术 或者其他能够促进他们情感、智力或精神发展的职业	科学或技术领域 计算机 法律 或者其他能够让他们运用智力去创造和技术知识去构思、分析和完成任务的职业

续表

ISTP	ISFP	INFP	INTP
熟练工种 技术领域 农业 执法者 军人 或者其他能够让他们动手操作、分析数据或事情的职业	健康护理（包括生理、心理） 商业 执法者 或者其他能够让他们运用友善、专注于细节的相关服务的职业	咨询服务（包括个人、社会、心理等） 写作 艺术 或者其他能够让他们运用创造和集中于他们的价值观的职业	科学或技术领域 或者其他能够让他们基于自己的专业技术知识独立、客观分析问题的职业
ESTP	**ESFP**	**ENFP**	**ENTP**
市场 熟练工种 商业 执法者 应用技术 或者其他能够让他们利用行动关注必要细节的职业	健康护理（包括生理、心理） 教学/教导 教练 儿童保育 熟练工种 或者其他能够让他们利用外向的天性和热情去帮助那些有实际需要的人们的职业	咨询服务（包括个人、社会、心理等） 教学/教导 宗教 艺术 或者其他能够让他们利用创造和交流去帮助促进他人成长的职业	科学 管理者 技术 艺术 或者其他能够让他们有机会不断承担新挑战的工作
EST	**ESFJ**	**ENFJ**	**ENTJ**
管理者 行政管理 执法者 或者其他能够让他们运用对事实的逻辑和组织完成任务的职业	教育 健康护理（包括生理、心理） 宗教 或者其他能够让他们运用个人关怀为他人提供服务的职业	宗教 艺术 教学/教导 或者其他能够让他们帮助别人在情感、智力和精神成长的职业	管理者 领导者 或者其他能够让他们运用实际分析、战略计划和组织完成任务的职业

每种偏好及类型没有好坏、对错之分。每种类型都是独特的，会在适合的环境中展现自己的特点，发挥自己的作用。世界上没有百分之百适合某种性格的职业，也没有百分之百不适合某种性格的职业，懂得用己所长，整合资源，才是问题解决之道。

（三）九型人格的类型特征

九型人格又称九种性格或九柱性格学，它是美国亚力山大·汤马斯博士和史黛拉·翟斯博士于 1977 年提出的。其不仅是一种性格分析工具，更可以为个人提升、个人修养提供更深入的洞察力，使人真正认识自己，接纳自己的短处和缺点，懂得与人相处建立和谐融洽的关系。

1. 第一型：完美型

主要特征：原则性强、看待问题主要是“应该”或“不应该”、黑白分明、不易妥协、追求完美、不断进步、尽职尽责、希望把每件事情做到尽善尽美，对自己和他人要求很高、时刻纠正自己和他人犯错。

2. 第二型：全爱型

主要特征：乐于助人、慷慨大方、愿意帮助别人、渴望与别人建立良好关系、十分热心、乐于付出，常忽略自己、愿意迁就他人，在意别人的感受和感情，看到别人接受自己才感觉到自身价值。

3. 第三型：成就型

主要特征：有强烈的争胜心、喜欢与别人比较，喜欢用成就去衡量自身价值；渴望得到大家的肯定，希望与众不同，成为别人瞩目的焦点；精力旺盛的工作狂，追求成功，以获得地位和赞赏。

4. 第四型：艺术型

主要特征：具有艺术气质，追求浪漫；占有欲强，我行我素；情绪化较严重，希望别人注意到自己的情绪，爱讲不愉快的事情；他们希望形成不一样的自我，所以经常自我反省、自我察觉。

5. 第五型：智慧型

主要特征：喜欢思考问题、分析问题，但缺乏具体行动；喜欢精神生活，对物质生活要求不高，不善于表达自己；喜欢不断学习、不断探索，希望用知识作为自己行为的准则。

6. 第六型：忠诚型

主要特征：喜欢群体生活，尽心尽力为他人做事，安于现状，不喜欢转变；团体意识强，需要被喜爱，有安全感；性格有些矛盾，喜欢跟随权威领导做事又容易造成反权威的心态。

7. 第七型：活跃型

主要特征：乐观、开朗、喜欢追求新鲜感和潮流；不喜欢承受压力、怕生活中存在负面情绪；渴望过愉快、享受的生活、经常自娱娱人；不断寻找快乐、享受快乐。

8. 第八型：领袖型

主要特征：追求权力、讲求实力；执行力强，解决问题能力强；自主性强，靠自己能力做事；正义感强、期望带领大家走向公平和正义。

9. 第九型：和平型

主要特征：性格温和友善、不喜欢与别人发生冲突，不会拒绝别人，希望与他人和谐相处；能保持平和的心态，忽略让自己不愉快的事。

三、职业价值观测验

职业价值观量表是用于测量与工作成就、工作满意度相关的价值观。这里重点介绍著名职业生涯规划大师舒伯与其同事 1970 年开发的价值观量表，此量表包含了 3 个维度、

15 个因子，采用优先了解人们对于工作的重视程度和优先顺序。

（一）内在价值维度

指与职业性质相关的因素，即工作本身的一些特征：

（1）智力激发：能够在工作中充分运用自身的智力，如逻辑思维能力、空间推理能力；

（2）利他性：能够帮助他人成长，给他人带来一些福利；

（3）创造性：能够创造一些新的想法并努力实现；

（4）独立性：能够独立自主的完成工作、安排工作；

（5）美感：在工作中获得美的享受和体验；

（6）成就：工作能带来一定的成就感；

（7）管理：能影响、领导和激励他人与自己一起工作；

（二）外在价值维度

指工作环境中的一些影响因素，与工作内容没有什么联系：

（1）工作环境：主要指工作的物理环境，如工作环境的空间、温度、舒适度；

（2）同事关系：工作中与同事之间的关系，是合作式的同事关系还是竞争式的同事关系；

（3）变动性：工作环境、工作地点、工作同事、单位领导的变化；

（4）监督关系：上级领导的管理方式，是权威型还是民主型；

（三）工作报酬维度

指在工作中所能获得的东西：

（1）声望：工作在社会中是否能得到一定程度的尊重；

（2）安全性：是否具有一定的安全性和稳定性；

（3）经济报酬：工资、奖金及一些福利待遇；

（4）生活方式：工作对生活方式将产生哪些影响。

四、职业能力倾向测验

职业能力倾向测验一方面主要预测个人在工作中可能取得的成就；另一方面评估出个人认知能力的水平。

（一）瑞文推理测验

英国心理学家瑞文于 1938 年设计的非文字智力测验，其以智力的二因素理论为基础，测量一般因素中的推理能力，即个人做出理性判断的能力。其即可用于团体测验也可用于个人测验，适合 6 岁以上的人群。

瑞文推理测验共含有 60 个题目，根据难度逐步增加的分为 A、B、C、D 和 E 五组，每组含有12个题目，也根据难度排序。每个题目由缺少一部分的大图案和作为选项（大约6~8个）的小图案组成。要求被测试者根据大图案中图形暗含的关系去寻找、思考和发现哪个小图案填入大图案最为合适，使其成为一个完整的整体。

瑞文推理测验一般采用给受测试者发一张量表和一张答题纸的形式，时间大约在45min左右，根据测试分数确定受测试者的智力等级和智商值，测试60分满分。

1947年，瑞文编制出适合5~71岁儿童和智力落后成人的彩色推理能力测验，也编制了瑞文高级推量能力测验。

（二）一般能力倾向测验

美国劳工部1947年编制而成，是能力测验的一个很好例子，有12个测验，其中8个纸笔测验，4个操作测验，共测量9个能力。

（1）智力：学习能力、理解能力、判断推理能力、适应新环境的能力；

（2）言语表达能力：理解语言的意义与其相关联的概念并快速掌握它的能力，通过语言表达自己想法的能力；

（3）数理能力：快速、准确计算、推理的能力；

（4）空间判断能力：对立体图形、平面与立体图形之间关系的理解能力；

（5）形状知觉：对细微差别的辨别能力，对实物正确认知的能力；

（6）书写知觉：直管比较辨别词和数字，发现错误或校正的能力，对词、印刷物等正确认知的能力；

（7）运动协调：正确迅速使用眼睛、手指完成作业的能力，使手指跟着眼睛所看到的东西运动且能正确控制的能力；

（8）手指灵巧度：很好地操控细小东西的能力；

（9）手腕灵巧度：灵活地拿取、放置、调换、翻转物体等和手腕的自由活动能力。

我国心理学家戴忠恒1992年以日本第四次修订版为蓝本，修订了中国版GATB，包括15个分测验，其中11个纸笔测验，4个器具测验。器具测验包括插入测验、转动测验、组装测验和拆卸测验；11个纸笔测验包括圆内打点测验、记号记入测验、形状相配测验、名称比较测验、图案相配测验、平面图判断测验、计算测验、词义测验、立体图判断测验、句子完成测验和算术应用测验。

（三）行政能力测验

行政职业能力测验是一种职业能力测试，是我国国家公务员考试公共笔试的一门。用来测试应试者与拟任职位相关的知识、技能和能力，考查应试者是否具备从事公务员工作所必须具备的一般潜能。主要包括数量关系、判断推理、常识判断、言语理解与表达、资料分析这五个方面。

第三篇 职业准备篇

第六章　大学生职业生涯规划

案例分析

尴尬的“奇才”：

沉迷网络——大学生三次退学四进名校

23岁的周剑无疑是一个传奇，2001年他第一次高考上了武汉大学，但随后由于痴迷网络多次旷课而被退学。他复读1个多月后，又考回了武大，但随后“屡教不改”再次被退学。回家几个月后，他又参加高考，考上了华中科技大学。在华中科大读到大三时他由于学分不够又被退学。接着他第四次参加高考，2014年9月份考回了华中科技大学。这种独特的经历，在中国的大学生里恐怕找不出第二人。

周剑无疑是一个高考奇才，在以高考为目的的应试教育中他无疑是最合格者之一。但一进入大学，到一个以追求素质提升和以自我学习为主的大学里，他却终迷失在网络游戏中，成为了一个转型失败最典型的例子。他认为根本原因是没有找到大学生活方向，感到空虚和迷茫。

第一节　大学生职业生涯方案的设计

一、大学生职业生涯规划的基本步骤

（一）自我评估

自我评估就是在自我认知、自我了解的基础上，更加系统化的深入挖掘自己，最终作出合理的定位。自我评估包括与自己有关的所有因素，如性格、兴趣、特长、学识、技能、优缺点、智商、情商、价值观、思维方式、道德水准以及社会中的自我及自我潜能等。自我评估是整个职业生涯规划的基础，直接决定设计的成败。哈佛大学的入学申请要

求必须剖析自己的优缺点，列举个人兴趣爱好，可见自我评估的重要性。

（二）职业生涯机会评估

职业生涯机会的评估，主要是评估各种环境因素对自己职业生涯发展的影响，包括社会环境评估、经济环境评估和企业环境评估。

社会环境评估，顾名思义，就是对制订者所在的社会环境进行认知、分析，并加以定位。人都是在一定社会环境条件下生活、成长的。了解自己所处的社会环境特点、社会环境变迁、社会的发展预测及社会环境价值观等，将有助于分析自己在这个环境中的地位与价值。

经济环境评估，不但包括国内经济环境的现状、变化趋势，也包括国外及世界经济环境的现状和变化趋势。例如2004年我国经济发展快速，世界经济较快发展，很多同学就报考了金融等方面的经济专业，结果刚好在2008年毕业时，遇上世界经济危机，虽然我国受波及损伤较小，但也确实造成经济相关专业就业率严重下降，可见预测经济发展的必要性。

企业环境评估，包括企业规模、企业文化、企业特色、企业阶层、发展战略、竞争实力等。尤其是对其人力供需、发展空间、升迁政策等要仔细了解，这将有助于评估自己是否适合或是适合长久工作。

总之，分析出环境对于自身成长的利弊，只有结合“自我评估”，将自己放入到大背景、大环境中进行权衡的定位，才能做到在复杂的环境中趋利避害，使职业生涯规划更具可行性和操作性。

（三）职业生涯目标设定

自我认知和职业生涯机会评估都是为职业生涯目标的设定而准备的。职业生涯目标的设定，是职业生涯规划的核心。一个人事业的成败，很大程度上取决于有无正确适当的目标。没有目标如同驶入大海的孤舟，四野茫茫，没有方向，不知道自己走向何方。只有树立了目标，才能明确奋斗方向，它犹如海洋中的灯塔，引导你避开险礁暗石，走向成功。

目标的设定，是在继职业选择、职业生涯路线选择后，对人生目标做出的抉择。其抉择是以自己的最佳才能、最优性格、最大兴趣、最有利的环境等信息为依据。至少应考虑以下四点：

（1）性格与职业的匹配。

（2）兴趣与职业的匹配。

（3）特长与职业的匹配。

（4）内外环境与职业相适应。

通常目标分短期目标、中期目标、长期目标和人生目标。短期目标一般为一至二年，短期目标又分日目标、周目标、月目标、年目标。中期目标一般为三至五年。长期目标一般为五至十年。

（四）制定行动计划与策略

无论多么远大志向的目标，都需要踏踏实实的努力付出，不然一切都是昙花一现。在确定了职业生涯目标后，行动便成为走向职场的关键的环节。对于大学生来说，这一过程最重要的是与职业选择相应的教育和培训计划的制定。简言之，就是需要采取什么途径来实现目标，使目标完成的更好。

当然，为了达到最终的目标，是需要实现它的小目标的。有效、合理地将目标分解，有利于减轻达到目标的难度；有助于定期及时地检查；有助于分析在实施过程中，在哪方面存在不足，好加以改正。

无论是大目标还是小目标的实现，都需要落实具体的措施，主要包括工作、训练、教育、轮岗等方面的措施。例如，为达成目标，在工作方面，你计划采取什么措施，提高你的工作效率？在业务素质方面，你计划学习哪些知识，掌握哪些技能，提高你的业务能力？在潜能开发方面，采取什么措施开发你的潜能等，都要有具体的计划与明确的措施。

（五）评估与修正

在人生的发展阶段，由于社会环境的巨大变化和一些不确定因素的存在，会发现原来制定的职业生涯规划有所偏差，这是很正常的。影响职业生涯规划的因素诸多，虽然有的变化因素是可以预测的，但有的变化因素难以预测。在此状况下，要使职业生涯规划行之有效，就须及时地对职业生涯规划进行评估与修订。切记，不可急于求成，也不可消极地放弃整个规划，可以进行职业的重新选择；职业生涯路线的选择；人生目标的修正；实施措施与计划的变更等。职业生涯规划的评估与修正是个人对自己、对环境的不断再认识的过程，是保障职业生涯规划完善的有效手段。

二、大学生职业生涯规划书的写作特点

（一）价值的实用性

职业生涯规划书要紧密结合自身特点和外部环境对自己未来发展道路进行设计和安排的一种书面文件。实用性是其本质属性，这主要体现在两个方面：一是通过职业生涯规划书，能够梳理自己未来打算的思路，以及深刻分析作出此种打算的原因和可行性研究方案。二是通过职业生涯规划书能明确自己的奋斗目标，同时成为约束自己为之努力的行动纲领。

（二）内容的真实性

职业生涯规划书要进行可行性的分析，必须真实地分析自身的兴趣爱好、性格偏向、知识技能、家庭条件等因素，并结合社会环境来确定自己的发展方向和奋斗目标。内容的真实性要求职业生涯规划书不允许夸张、虚构，计划一些虚无缥缈的设想。如果职业生涯规划书不切实际，失去真实性，不仅毫无价值，且会误导自己，影响个人的职业生涯发展。

（三）语言的平实性

职业生涯规划书是根据自身条件、结合外部条件，为自己量身订造的规划撰写文件。其语言应该朴实、准确、简洁，不必使用华丽的辞藻，它的读者主要是自己，也需要部分前辈、有经验人士的教导。因此，只需要你用平实性的言语叙述出你个人的特点、客观地分析出自身的优劣势，作出恰如其分的判断，给出缜密地分析即可。所以，职业生涯规划书书写形式为开门见山，只要条理清晰，有理有据，多用直笔，少旁征博引为好。

（四）结构的模式性

职业生涯规划书正是由于它符合职业生涯规划的基本原理，清晰地显示出它的优势，所以其模式是在实践中约定俗成的，所以才逐渐被推广开来，以致被人作为科学的写作知识加以总结和介绍。按照职业生涯规划书的规范模式填写，能使职业生涯规划的制定者写作更加简洁清晰，结构更加趋于合理，这种机构的模式性，提高了职业生涯规划的实用效率，也使得具体实施行动更加直观。

三、大学生职业生涯规划规划的认识误区

误区一：急功近利。一方面，由于近年来就业压力越来越大，另一方面，很多父母都希望自己的孩子能够继续深造，所以有一部分大学生刚入学便下定了考研的决心。一进大学就坚持自学英语，感觉和高中一样紧张。尤其将大部分时间都安排在学习上，社会活动不参加，对于工作就业的事情更是没考虑过；也有一些同学被严峻的就业形势所压倒，一进学校便盲目地考证或参加培训；也有一部分学生受身边人影响，道听途说地了解到某某工作岗位薪酬高、待遇好、发展前景好，便一下把自己的职业理想定位在这个行业，把自己合理的职业规划抛在脑后。

误区二：把职业生涯规划等同于职业选择。职业生涯规划是一个周而复始的连续过程，其过程包括确定志向、自我评估、生涯机会评估、职业选择、职业生涯路线选择、确定目标、制定行动计划、评估与反馈等八个步骤；而职业选择，单纯的讲就是找一份工作，实际上职业选择本身也是根据自身兴趣、爱好、能力等因素选择符合自己工作的一个过程。显然职业选择是职业生涯规划中的重要一环节，二者并不等同。

误区三：只要专业对口，找工作一定没有问题。一般状况下，找本专业工作在专业知识、技能上有一定优势。但目前的现状是，大学生的专业学习不到位，且因为没有提前对未来的职业发展实施规划，知识和技能的准备很不充足，甚至不知道自己该做什么，技能水平很难与用人单位的需求对接，常常无“优势”可言。

误区四：就业不急，毕业时再找来得及。大学是个人职业生涯发展的预备阶段，需要充分利用好此阶段对未来的职业发展方向进行探索和尝试，并有针对地学习和积累一些专业技能，多从实践中了解社会、了解职场、了解自己的能力特长等，以便于毕业时与职场

"无缝接轨"。大学生往往在时间、实力和经验方面准备不足。时间准备不足表现为误以为找工作应从大四开始准备就可以了。其实对社会的认识、资料的收集、能力的提高需要提早准备，实力准备不足表现为误认为看得见的准备（比如证书、成绩单）比看不见的素质重要。其实单位看重的是个人长期积累的素质，如合作意识、沟通能力、自我认识等，经验准备不足表现为误认为有一些社会实践的背景就可以帮助自己找工作。其实，经验的获取是需要一段时间反复进行的，个别时间的尝试不表示个人拥有有价值的经验。其实我们在平时就可以进行充分准备的。否则，毕业求职时就会手忙脚乱，不知道方向。

误区五：世事无常，没必要提前规划。"计划不如变化快"，这是很多人的心态。前进的方向，来自清晰的职业规划，面对瞬息万变的"变化"，你只有提前通过规划、制定具体的目标，才能在风浪中把握住自己的方向。越是知识和技能更新周期短的行业，更需要规划来提高自己对行业发展趋势的预见性。只有时刻准备着的人，才能在机会出现时，抓住发展的机遇。

误区六：多换工作，总会发现自己喜欢的。有些同学，根据职业倾向测评，断定自己适合的职业。入职后才发现自己并不完全顺意，也不清楚自己到底适合或是喜欢哪种职业，并经常换工作，等待自己喜欢的工作出现。其实，任何时候做职业规划都不会晚。职业生涯漫长，不同阶段有不同的任务要完成，如果前一阶段的问题没有解决，拖沓到下一阶段只会加重发展的危机，且需要付出更多成本。每个阶段都应该随发展及时调整职业规划方案，及时解决发展中的问题。

四、大学生职业生涯规划书的撰写

（一）大学生职业生涯规划书的结构

大学生职业生涯规划书要资料详实，言简意赅、结构紧凑，从整体上主要是由封面、扉页、目录和正文四大部分组成。

1. 封面

可以根据个人爱好进行设计，但不要过于复杂和花哨，以简单、大方为宜。其文字内容主要包括规划书的主标题，规划者的姓名、院校、所学专业、规划周期、规划时时间。也可加入具有特色含义的副标题。

2. 扉页

主要介绍自己的基本信息，如姓名、性别、年龄、籍贯、院校、专业、学号、联系方式等。

3. 目录

主要是将规划书的正文内容的小标题罗列清楚，最好列到二级或三级标题，并表明其所在的页码。

4. 正文

正文主要涵盖如下方面：

（1）引言。也称前言，主要是写规划的目的以及自己对规划意义的认识。

（2）自身条件及能力分析或测评的结果。包括个人兴趣、爱好、特长、性格及职业倾向测评结果、自己目前所学习的专业以及该专业所能够从事的职业、职业的价值观、能力、潜力等，并列出由此得出的可能适合自己的职业领域。

（3）环境分析。即对上述分析选出的职业领域进行环境分析，包括对社会环境、经济环境、职业领域所在几个企业环境的分析，了解人力资源要求、晋升发展空间及机会等。

（4）职业方向。依据分析和决策，写出明确的职业发展方向。

（5）总体目标。在此结合自己的能力和潜力，确定自己的人生目标。

（6）目标分解。将目标的分解过程及各阶段目标清楚地列出来，重点写出大学期间要完成的最主要分目标和毕业后将从事的第一份工作。

（7）目标评估：将他人的合理化意见建议记录下来，并检查目标是否具有可行性，可量化性。

（8）确定目标实现或成功的标准：即认为达到什么水平或获得何等荣誉算是实现目标。

（9）结束语：主要写出对完成职业生涯规划书提供过帮助的人的感谢，也要感谢即将帮助你完成各项目标的人，最后要给自己鼓励，表示自己能够完成规划所确定的目标的决心和信心等。

（二）大学生职业生涯规划书的类型

在遵从一般应用文写作规律的前提下，职业生涯规划书的常见格式，有表格式、条列式、复合式和论文式，可以根据自己的写作习惯选择书写形式。

a. 表格式模版

大学生职业生涯规划书参考模板 1

一、自我评估

请用150~200个字，描述你理想中的职业生活及愿意从事这一职业的理由（工作性质、工作环境、工作伙伴、工作时间、工资待遇、社会需求、职业技能等）

自我评估	姓名		性别		年龄		民族	
	性格							
	爱好、特长							
	情绪情感状况							
	意志力状况							
	已具备经验							
	已具备能力							
	所学专业及主要课程							
	外语和计算机水平							

续表

对你人生发展影响最大的人	关系	姓名	单位、职业、职务
他人对你的看法与期望	关系	姓名	对你的看法与期望
	父亲		
	母亲		
	亲戚		
	朋友		
	老师		
	同学		
	其他		

二、环境与职业评估

校园环境对你成才的影响	学　院	
	系　别	
	专　业	
	班　级	
	寝　室	
认识职业世界	人才供需状况与就业形势分析	
	对人才素质要求	
	对人格特质要求	
	对知识的要求及学校中的哪些课程对从事该项职业有帮助	
	对能力的要求	
	对技能训练的要求	
	对资格证书的要求	
	每天工作状况（即工作内容、工作伙伴及感受）	
	该岗位收入状况	
	该行业人士对所从事工作有何满意及不满意之处	
	该职业发展前景	
	建议学校增设哪些课程	
	其他	

三、确立初步目标

<table>
<tr><td rowspan="4">描述初步职业设想</td><td>职业类型</td><td></td><td>职业名称</td><td></td><td>具体岗位</td><td></td></tr>
<tr><td>职业地域</td><td></td><td>工作环境</td><td></td><td>工作时间</td><td></td></tr>
<tr><td>工作地域</td><td></td><td>工作待遇</td><td></td><td>工作伙伴</td><td></td></tr>
<tr><td>职业发展期望</td><td colspan="5"></td></tr>
<tr><td rowspan="4">目标SWOT分析</td><td>实现目标的优势</td><td colspan="5"></td></tr>
<tr><td>实现目标的劣势</td><td colspan="5"></td></tr>
<tr><td>实现目标的机遇</td><td colspan="5"></td></tr>
<tr><td>实现目标的威胁</td><td colspan="5"></td></tr>
</table>

四、职业生涯策略

<table>
<tr><th colspan="2">步骤</th><th>目标分解</th><th>提高途径和措施</th><th>完成标准</th></tr>
<tr><td rowspan="15">大学期间自我规划</td><td>大学总体目标</td><td></td><td></td><td></td></tr>
<tr><td>第一学期</td><td></td><td></td><td></td></tr>
<tr><td>寒假</td><td></td><td></td><td></td></tr>
<tr><td>第二学期</td><td></td><td></td><td></td></tr>
<tr><td>暑假</td><td></td><td></td><td></td></tr>
<tr><td>第三学期</td><td></td><td></td><td></td></tr>
<tr><td>寒假</td><td></td><td></td><td></td></tr>
<tr><td>第四学期</td><td></td><td></td><td></td></tr>
<tr><td>暑假</td><td></td><td></td><td></td></tr>
<tr><td>第五学期</td><td></td><td></td><td></td></tr>
<tr><td>寒假</td><td></td><td></td><td></td></tr>
<tr><td>第六学期</td><td></td><td></td><td></td></tr>
<tr><td>暑假</td><td></td><td></td><td></td></tr>
<tr><td>第七学期</td><td></td><td></td><td></td></tr>
<tr><td>寒假</td><td></td><td></td><td></td></tr>
<tr><td colspan="2">大学毕业以后</td><td></td><td></td><td></td></tr>
</table>

五、生涯评估与反馈

自我评估	学习成绩排名		素质拓展总分		身体素质状况	
	发展性素质测评					
	获　奖					
	自我规划落实情况					
	经验与教训					
父母评价与建议						
同学、朋友评价与建议						
教师评价与建议						
成才外因评估						
职业目标修正						
规划步骤、途径及完成标准修正						

六、职业生涯总体规划简表

序号		当前	三年	五年	未来
1	专业				
2	学历				
3	职位				
4	职称				
5	薪水				
6	奖项				
7	社交圈				
8	业务范围				
9	活动地域				
10	住房				
11	交通				
12	其他				

b. 条列式模版

大学生职业生涯规划书参考模板 2

学院：
专业：
年级：
姓名：
性别：
××××年××月

一、自我分析

自我分析是对自己进行全方位、多角度的分析

1. 职业兴趣（喜欢干什么）
2. 职业能力（能够干什么）
3. 个人特质（适合干什么）
4. 职业价值观（最看重什么）
5. 胜任能力（优劣势是什么）
6. 个人经历

教育经历 ：
工作经历 ：
培训经历 ：
自我分析小结：

二、职业分析

职业分析是对影响职业选择的相关外部环境进行较为客观、系统的分析 ：

（一）家庭环境分析（如经济状况、家人期望、家族文化等以及对本人的影响）

（二）学校环境分析（如学校特色、专业学习、实践经验等）

（三）社会环境分析（如就业形势、就业政策、竞争对手等）

（四）职业环境分析

1. 行业分析（如××行业现状及发展趋势，人业匹配分析）

2. 职业分析（如××职业的工作内容、工作要求、发展前景，人岗匹配分析）

3. 企业分析（如××单位类型、企业文化、发展前景、发展阶段、产品服务、员工素质、工作氛围等，人企匹配分析）

4. 地域分析（如××工作城市的发展前景、文化特点、气候水土、人际关系等，人城匹配分析）

职业分析小结：

三、职业定位

综合第一部分（自我分析）与第二部分（职业分析）的主要内容得出本人职业定位的 swot 分析：

内部环境因素 优势因素（s）弱势因素（w）

外部环境因素 机会因素（o）威胁因素（t）

结论：

职业目标：

举例：将来从事（××行业的）××职业

职业发展策略

举例：进入××类型的组织（到××地区发展）

职业发展路径

举例：走专家路线（管理路线等）

具体路径

举例：××员——初级××——中级××——高级××

四、计划实施

1. *名称*

短期计划（本科生或研究生阶段）

时间跨度：

本期目标：（如本科生毕业时要达到…）

细分目标：（如大一要达到…大二要达到…或在某方面要达到…）

计划内容：（如专业学习、职业技能培养、职业素质提升、职业实践计划等）

策略和措施：（如大一以适应研究生生活为主，大二以专业学习和掌握职业技能为主…，或为了实现 xx 目标，我要…）

备注：

大学生职业规划的重点：

2. *名称*

中期计划（毕业后五年）

计划名称 ：

本期目标 ：（如毕业后第五年时要达到…）

细分目标 ：（如毕业后第一年要…第二年要…或在 xx 方面要达到… ）

计划内容 ：（如职场适应、三脉积累（知脉、人脉、钱脉）、岗位转换及升迁等 ）

策略和措施 ：（大学生职业规划的重点 ）

备注：

3. 名称：

长期计划（毕业后十年或以上计划）

计划名称 ：

本期目标 ：（如退休时要达到⋯ ）

细分目标 ：如毕业后第十年要⋯第二十年要⋯

计划内容 ：（如事业发展、工作与生活关系、健康、心灵成长、子女教育、慈善等 ）

策略和措施 ：

备注

4. 方向性规划

详细执行计划如下：本人现正就读本科生（或研究生）x 年级，我的本科生（研究生）阶段计划是……

五、评估调整

职业生涯规划是一个动态的过程，必须根据实施结果的情况以及因应变化进行及时的评估与修正。

1. 评估的内容

职业目标评估（是否需要重新选择职业?）假如一直……，那么我将……

职业路径评估（是否需要调整发展方向?）当出现……的时候，我就……

实施策略评估（是否需要改变行动策略?）如果……，我就……

其它因素评估（身体、家庭、经济状况以及机遇、意外情况的及时评估）

2. 评估的时间

一般情况下，我定期（半年或一年）评估规划。

当出现特殊情况时，我会随时评估并进行相应的调整。

3. 规划调整的原则

六、结束语

c. 复合式模板

大学生职业生涯规划书参考模板 3

封 面

署上作者、作品名称和年月日，可以在封面插入图片和格言

扉 页

个人资料：

真实姓名：×××
笔名：×××
性别：×
年龄：××岁
籍贯：××省××市/县
身份证号码：××××××××××××××××××
所在学校及学院：××大学××学院
班级及专业：××班××专业
学号：××××××××××
联系地址：×××××××××××××
邮编：××××××
联系电话：×××××××××
E－mail：××××××××××××××××

目 录

正 文

总论（引言）

第一章 认识自我

结合相关的人才测评报告对自己进行全方位、多角度的分析。

1. 职业兴趣——喜欢做什么

在我的人才素质测评报告中，职业兴趣前三项是××型（×分）、××型（×分）和××型（×分）。我的具体情况是……

2. 职业能力——能够干什么

我的人才素质测评报告结果显示，××能力得分较高（×分），××能力得分较低（×分）。我的具体情况是……

3. 职业性格——适合干什么

我的人才素质测评报告结果显示……我的具体情况是……

4. 职业价值观——最看重什么

我的人才素质测评报告结果显示前三项是××取向（×分）、××取向（×分）和××取向（×分）。我的具体情况是……

自我分析小结：

第二章 环境分析

参考人才素质测评报告建议，我对影响职业选择的相关外部环境进行了较为系统地分析。

1. 家庭环境分析

经济状况、家人期望、家族文化等对本人的影响

2. 学校环境分析

学校特色、专业学习、实践经验等

3. 社会环境分析

就业形势、就业政策、竞争对手等

4. 职业环境分析

①行业分析

××行业现状及发展趋势，人业匹配情况

②职业分析

××职业的工作内容、工作要求、发展前景，人岗匹配分析

③单位分析

××单位的发展前景、组织机构等

④地域分析

工作单位所在城市的文化特点、气候水土、人际关系等

职业生涯条件分析小结：

第三章 职业目标定位及其分解组合

（1）职业目标的确定

综合第一部分（自我分析）及第二部分（职业生涯条件分析）的主要内容运用职业生涯决策平衡表确定职业目标。

结论：职业目标——将来从事（××行业的）××职业

职业发展策略——进入××类型的组织（到××地区发展）

职业发展路径——走专家路线（管理路线等）

（2）对本人职业定位进行 SWOT 分析

内部环境因素	优势因素（S）	弱势因素（W）
外部环境因素	机会因素（O）	威胁因素（T）
分析		

根据 SWOT 分析结果确定行动计划

（3）职业目标的分解与组合

把职业目标分成三个规划期，即：近期规划、中期规划和远期规划，并对各个规划期及其要实现的目标进行分解。

职业生涯规划总表

计划名称	时间跨度	总目标	分目标	计划内容	策略和措施	备注
短期计划（大学计划）	2014～20××年	如：大学毕业时要达到……	如：大一要达到……大二要达到……或在××方面要达到	如：专业学习、职业技能培养、职业素质提升、职业实践计划等	如：大一以适应大学生活为主，大二以专业学习和掌握职业技能为主……，或为了实现××目标我要……	大学生职业规划的重点
中期计划（毕业后五年计划）	20××～20××年	如：毕业后第五年时要达到……	如：毕业后第一年要…… 第二年要…… 或在××方面要达到……	如：职场适应、三脉积累（知脉、人脉、金脉）、岗位转换及升迁等	……	大学生职业规划的重点

续表

计划名称	时间跨度	总目标	分目标	计划内容	策略和措施	备注
长期计划（毕业后十年或以上计划）	20××～20××年	如：退休时要达到……	如：毕业后第十年要…… 第二十年要……	如：事业发展，工作、生活关系，健康，心灵成长，子女教育，慈善等	……	方向性规划

具体路径：××员——初级××——中级××——高级××

第四章　评估调整

职业生涯规划是一个动态的过程，必须根据实施结果的情况以及变化情况进行及时的评估与修正。

1. 评估的内容

职业目标评估：是否需要重新选择职业？（假如一直……那么我将……）

职业路径评估：是否需要调整发展方向？（当出现……的时候，我就……）

实施策略评估：是否需要改变行动策略？（如果……我就……）

其他因素评估：身体、家庭、经济状况以及机遇、意外情况的及时评估。

2. 评估的时间

在一般情况下，定期（半年或一年）评估规划。当出现特殊情况时，要随时评估并进行相应的调整。

3. 规划调整的原则：因时而动、随机应变

结束语

4. 论文式模板

封面：

心有未来，梦想在望

——我的职业生涯规划书

姓　　名：……………………

性　　别：……………………

毕业学校：……………………

所在学院：……………………

所在班级：……………………

个人学号：……………………

上课编号：……………………

联系电话：……………………

电子邮箱：……………………

二〇××年　　月　　日

目录：

（三）我的学业目标

第四章　计划实施

一、短期计划（大学）

（一）时间跨度

（二）总目标

（三）分目标

（四）策略和措施

二、中期计划（毕业之后的十年）

（一）时间跨度

（二）总目标

（三）分目标

（四）策略和措施

三、长期计划（毕业后二十年）

（一）时间跨度

（二）总目标

（三）分目标

（四）策略和措施

第五章　评估调整

一、评估的内容

二、评估的时间

结束语

第二节　大学生职业生涯规划方案的反馈与修正

一、职业生涯规划反馈

（一）职业生涯规划反馈的必要性

从权变的理论来看，影响生涯规划的因素很多。有的变数可预测，有的变数难以预测。世事多变，世界的每一天每一秒都在发生着变化。远到社会经济结构的发展、科学技术的飞跃、政治形势的突变、国家政策的调整、法律制度的调整，近到所在企业领导人的更换、组织的制度调整、产品方向调整，乃至个人家庭、健康、能力水平的变化，无不影响到个人职业生涯的发展。很多意外发生的变化更是令我们束手无策，并直接影响到个人职业生涯规划的执行过程和结果。为此，职业规划需要做好与外部环境相适应的调整和修订。尤其在环境的动态变化与个体的内在状态不断波动起伏的过程中，个体需要时时审视自己的职业选择、职业目标、路线的确定是否适合自身的发展，有时正确的选择会因外部环境的变化而显得不合时宜。因此，要使生涯规划行之有效，就须不断对规划进行评估与修订。同时，个体对自我的认知是不断变化、日趋成熟的，随着一个人的年龄增长，其兴趣、能力、经验等自变量在不断地变化，对职业的倾向性和判断也在不断地发生变化。人生不能重来，对于职业生涯路线的选择、人生目标的修正都是伴随着个体的不断成长而随之评估、修正，并进行反馈的，这种评估和反馈贯穿职业生涯实施的整个过程，使之更加符合个人的长期发展，更加有利于一个人聚集智慧发挥优势，取得职场的成功。

（二）职业生涯规划反馈的原则

1. 发展性原则

时代在变，社会在变。要用发展的眼光看待问题，也要用发展性原则将职业发展与职业生涯发展联系起来。在不断探索、不断进取和不断调整中实现自己的人生价值与社会价值。

2. 定期性原则

由于职业生涯规划是早期制定，所以其具有定期反馈性，否则经历很长时间检查反馈也许为时已晚。一般情况下，建议一个月做一次评估规划，并在年初制定具体计划，年末进行总结反思。每一阶段的计划将逐月修改，具体计划按照年月周细分，最后再进行调整或归纳。每月积极修正和核查策略和计划，保证目标有效实施。在特殊情况下，例如换生活环境变动，会有重大影响职业生涯的事件发生时，要随时评估并进行相应调整，酌情缩短规划周期，做到事事有计划。

3. 具体性原则

大学生职业生涯规划指引着大学生生活的管理，是切合实际、实实在在的为大的人生目标而逐渐完成小的分项目标的过程，这就要求职业生涯规划反馈具有具体性原则。要具体到每个为完成小分项目标的措施是否得当、是否奏效，内外部环境发生的变化最自身的发展是有利还是有弊等。

（三）职业生涯规划反馈的方法

1. 他人反馈

他人反馈包括老师、朋友、父母所给予的反馈，通过他们的评价反馈，能够更清醒地认识自己的优势与弱势，了解自己规划的职业生涯有何不足之处，有助于调整定位，明确努力的方向。

2. 自我评价

在设计实施一段期间后，对设计规划进行自我总结、自我反思，由被动接受评价转变为主动反省。如自己的才能是否充分施展；是否对处理职业生涯发展与其他人生活动的关系的结果满意等。总之，重新探索自我，分析此时的自己与整体的职业生涯规划的目标、内外环境等是否相匹配，将有助于修订职业规划行动方案。

自我评价的方法又可分为反思法、调查法和对比法。

反思法：对职业生涯规划实践回顾，验收计划中的小目标是否成功或达到预期要求。同时，思考自己在实践中的不足，方法方式上是否得当等。

调查法：当一个近期的目标实现后，对下一步的内外环境、主客观条件做进一步的调查和探索，依据它们恰如其分地评价自己下一步计划是否可行。

对比法：分析他人的职业生涯规划，将他人的方式方法进行对比，比较出自己使用的方式方法或途径的优劣势，取其精华，提高自己成功的概率。

二、职业生涯规划成功标准

（一）职业生涯规划成功类型

职业生涯规划成功具有阶段性和多样性的特点。每个人的世界观、价值观不同，造成每个人对职业生涯成功的定义也各不相同，这个并没有统一的标准。但目前被认同的成功的职业生涯规划，大致可归为以下五类：

（1）进取型：认为升入组织或职业的最高阶层便为成功。这类人特别注重在群体中的地位，追求更高的职务。

（2）安全型：认为长期的稳定和变数不大的工作便为成功。这类人追求他人的认可度，趋于安稳。

（3）自由型：认为在工作的时间和方法上得到充分的自由，或者能够具有多样性的经历，便为成功。这类人追求的是不被控制，要按照自己主观的意愿去完成工作。

（4）攀登型：认为从事冒险、挑战性质的工作并且从中能够螺旋式不断上升，自我完善便为成功。这类人愿意做创新型工作，从中追求自我价值。

（5）平衡型：认为家庭、事业、自我事物平衡协调发展，便为成功。这类人不局限于工作的视角，而是权衡于自身的生活，追求统一平衡点。

（二）职业生涯规划成功表现

职业生涯规划成功表现主要体现在入职期间，具体来看：

（1）个人的价值取向、能力、兴趣爱好等于其所选择的职业正好吻合，并且工作起来有激情，得心应手。

（2）个人具有自我职业生涯目标，虽历经坎坷，但最终目标得以实现，并能够乐在其中。

（3）在所从事的工作岗位上，尽职尽责，成绩突出，得到领导及同事的认可，自己有满足感和成就感。

(4) 在工作岗位上，用于创新、有所建树。

三、职业生涯规划的修正

成功的人可以无数次修改方法，但绝不轻易放弃目标；不成功的人总是改变目标，却从不改变方法。

(一) 职业生涯规划修正的目的

(1) 对自己的强项充满自信（我知道我的强项是什么）；

(2) 对自己的发展机会有一个清楚的了解（我知道自己什么地方还有待改进）；

(3) 找出关键的有待改进之处；

(4) 为这些有待改进之处制定详细的行动改变计划；

(5) 以合适的方式答复那些给予反馈的人，并表示感谢；

(6) 实施你的行动计划，确保你能够取得显著的进步和商业成就。

(二) 职业生涯规划修正的内容

修正的内容一定要结合自己的评估的实际情况进行修正，主要的修正内容有：职业的重新选择、职业生涯路线的选择、阶段目标的修正、人生目标的修正、实施措施与计划的变更等等。具体可以划分为三大类修正内容：

(1) 目标的修正：目标修正并不是放弃目标，而是在评估的基础上对原来的目标重新审视和完善。这个调整可能是大的变动，如职业的重新选择，也可能是小的变动，如阶段目标的修正。

(2) 时间的修正：根据现实发生的事情，做相应的时间调整。如计划大一下学期考国家计算机二级考试，但是大一上学期的计算机成绩并不理想，准备充分利用暑假，等大二的时候再参加计算机考试。

(3) 方法的修正：对于目标调整后的信息进行重新整理，了解距离新目标的差距。如之前学习英语四级只是做阅读背单词，但效果平平，现状调整了学习方法，通过报补习班、多练口语来学习英语。

第七章　大学生涯管理与实践

第一节　确定主攻方向，理性规划生涯

一、熟悉专业前沿，提升职业能力

（一）充分利用资源，扩充知识领域

当代，谁掌握了资源谁就占了竞争的先机，这一点在大学中亦不例外。这些资源以各种不同的形式存在，信息、人脉，更为重要的一点，那就是学习资源。每一位大学生都是经历过十几年奋斗，历经千辛万苦得以进入高等学府。那么这所大学的所有可利用的资源都应该尽情地去享用。为自己的成长提供给源动力，利用好了这些资源，你将发现自己会轻松地赢在起跑线上。

1. 高校教师

事实上，紧靠上课讲解的知识是不够你“消化吸收”的。高校教师或是学术渊博，或是资源充沛，或是德高望重，无论哪一点都会给你很大的启发。也许你还在延续高中时代很怕跟老师交流，但大学是自由的天堂，你完全可以跟知识渊博，有学术权威的老师交流沟通。他们最喜欢认真求实的学生，你与老师在交流探讨问题中会发现，他们不但是你的朋友，更是你事半功倍的指路人。尽情地交流吧，如果你因为胆小而不敢跟老师探讨，那才是最大资源的浪费。如果哪一位老师的个人魅力或者学识让你对他产生了极大地兴趣，那么你和他之间的交流是自然而然而不带任何功利色彩的。

2. 图书馆

英国哲学家卡尔·波普尔曾说过：如果我们人类所有的机器工具都被毁坏了，而图书馆还保存着，那么，人类经过许多年的苦难，仍然能够重新发展；如果图书馆连同所有的机器工具一起被破坏了，人类文明的重现就会是几千年以后的事了。图书馆是评价一所大学是否优秀的重要指标之一，它可谓是大学的心脏，是大学的一个标志性建筑。毕竟，面对一门比较成熟的专业知识，你所掌握的只是有限的部分，老师在堂课上教授给你的也只是提纲挈领的概貌，要想更全面、更细致地了解这个专业，要想学好学透这门课程，需要

你孜孜不倦地去图书馆查阅资料，浏览各家的理论，阅读前人的研究成果，加深对学科的理解。当然，大学里的图书馆浩如烟海，里面汇集了全面的、系统的、前沿的研究成果和资料。你会发现，图书馆中会经常出现老师的身影。对于如此庞大的图书馆，如果找到你需要的，符合你阅读的书籍也不是易事。所以很多大学都开设了信息检索课程，来帮助同学们有效地掌握各个图书馆的索引方式，高效地搜罗到自己心仪的书籍。同时，越来越多的学校开设了网上图书馆系统，对于大型的学术研究成果的系统（如知网、万方数据库）免费给在校学生们阅读和下载使用。

3. 选修课

学校开设的选修课是你根据自己兴趣偏好或需求可以得到的最好资源。不过学校都规定了每门选修课的上课人数，即使你错过了自己心仪的选修课，也可以去旁听。大学之大，在于大师，很多选修课的老师出没于百家讲坛之上，对于某个领域的独特见解能够让你受益匪浅。尤其是在选修课上，你可以结交兴趣相同的挚友，与他们共同学习探讨，你会因“站对了队伍”而颇具收获。

4. 报告、讲座

请留心教学楼、学院或是食堂等处粘贴的报告、讲座的宣传海报，主讲人都是颇有学识的成功人士，或是学术大家、或是企业名流、或是文体新锐。大学给同学们能够面对面地与这些社会知名人士探讨，听取他们对于人生、对于专业的独到见解的机会。可谓“听君一席话，胜过十年书”。

5. 网络

网络这个让人“又爱又恨”的强大资源，总能让你第一时间了解最新动态。不过选择网络学习的同学们需要有强大的自制力。有太多的同学被网络游戏所吸引而不能自拔，也有太多的有用资源等待你去搜寻。计算机的应用已经成为每所大学的必修课，因为所有的毕业论文都需要同学们先整理电子稿件再打印装订成册上交。你可以利用网络中的电子图书、电子期刊、数据库、全文资料或是其他电子文档。同时，网络中又有很多前辈们的学习心得，也有些失败教训，如果你能正确利用网络资源，将使学习更加充实而简易化。

总之，一个善于利用环境提供的资源并能够使之为其所用的人更容易取得成功，这绝对是一个颠扑不破的真理。

（二）探索专业领域，掌握专业知识

“专业”，你大学生活的中心。深思一下，为什么有近 50% 的大学生在就业一年内换工作？如果你毕业后从事的工作与大学 4 年甚至是 5 年所学的主修专业不一致，那是不是可以说你在人生最珍贵的几年中仅仅为了得到毕业证和学位证，而浪费了本能塑造优秀人才的美好时光？再严重点说，这就是导致四年的教育投资失败的原因。学习专业课程，能够检验兴趣能力。不要将时间荒废在不喜欢的专业上，是专业探索的宗旨和初衷。大二期间开始具体学习专业课程，此时可以通过图书馆和互联网去自学更多的课程，或是直接跟学长学姐们旁听高年级的专业课程，在学习了专业的各个课程后你就可以判断自己是否喜欢或是说能够继续深入这个专业了。

每名同学看待专业，有三种情况：

（1）所学的专业，就是自己喜欢的。无可厚非，最好的状态。那就深入的学习专业知识吧，经过专业探索后，就可以很快地进入职业探索流程。

（2）对所学专业，没有感觉。谈不上喜欢，又不排斥。在这种情况下，你的可塑性很大，需要老师的引导，你自己的努力，是可以深入学习下去的，那就下定决心深入搜寻本专业的前沿动态，了解本专业所能适用的职业岗位。

（3）所学的专业，完全排斥。无论为何走入此种状态，都要尽可能地转变现状。如果你认定自己不适合本专业的学习，要么纠偏修正改专业，要么利用课外时间攻读喜欢的专业。不过改专业是有条件的，每所学校制定的具体条款要求不一，有的要求达到专业前五名，在大二第一个学期可提出转专业，这就要求你在虽然不喜欢目前的专业的状态下，仍然在大一时认真学习，考取专业前五名，才可以转专业。有的学校是在大一期间只学习基础课程，大二时申请大专业系统下的小专业，那么一定要慎重做以选择，机会只有一次。如果当兴趣真的“超越了”所读专业，那么在决定转专业之前，可以先基于“不放弃”本专业的前提下，或是条件不允许转专业的情况下，尝试通过选修课程、辅修第二专业、申请选读双学位等方式来学习感兴趣专业的知识。

（三）完成必备考试，注重能力培养

有人曾做过这样的统计：中国人一生要办 80 个证！最低也要办理近 40 个证。其中在工作学习类的证件中，毕业证、学位证是必不可少的。如果为了就业顺利，考取英语证书、计算机证书、专业资格证书都是十分必要的。了解一下，你需要的七类证书和一个“身份”：

1. 第一类证书：毕业证、学位证、第二学位证

虽然国家规定不能有就业歧视，但是你不得不承认，名牌大学或热门专业的确是一块有分量的敲门砖。既然你已经入学，那么理应通过所有科目的考试，拿到毕业证和学位证，这也是很多同学上大学的最基本要求。至于第二学位，有的企业承认，有的企业并不感冒，你可以根据自己的兴趣和需要进行选择。

2. 第二类证书：英语证书

（1）CET4 和 CET6：基本上，国内的二本以上批次的大学都拿英语四级证书跟学位证挂钩。英语四级和六级考试是由国家教育部组织的全国性、标准化考试，满分为 710 分，题型一直在变化中。同时要求，只有英语四级达到 425 分及以上，才可以报考六级。

（2）四六级口语证书：用于测量大学生运用英语进行口头交际的能力。考试满分 15 分，分为 A、B、C、D，4 个等级。报名要求：四级成绩达到 550 分及以上分数或是六级成绩达到 520 分及以上分数才可以报名，报名时间一般为每年的 10 月份，并于每年的 11

月份考试。

（3）托福（TOEFL）考试：由美国教育考试服务处（Educational Testing Service，简称 EST）举办的，测试为非英语的应试者理解北美英语水平能力的考试。每年在全国各地的 44 个考点举办五次考试，中国采取纸笔考试的方式。报考条件：出国留学人员；考试时间：每年五次，分别在每年一月、五月、八月、十月和十一月举行。

（4）雅思：雅思考试分为两种类型：学术类和培训类。考生应根据实际情况及考试目的选择合适的类型。雅思考试成绩有效期为两年。报考条件：申请国外高校本科或研究生课程的考生；考试时间：各城市考试时间不同。

（5）剑桥商务英语证书（BEC）：该项考试属专门用途英语考试，欧美国家广泛承认，被称为留学和进入外企的“通行证”。发证单位为英国剑桥大学考试委员会。剑桥商务英语证书（BEC）对考生在经济贸易和商务活动的一般工作环境中使用英语的能力从听、说、读、写四个方面进行全面考查。经贸类专业学生考的较多。

（6）托业（TOEIC）国际交流英语测评：托业全名为国际交流英语考试（TOEIC－Test of English for International Communication），用于测试母语非英语人员在国际性环境中的日常英语能力，旨在衡量应试者在国际商业、贸易环境中使用英语的熟练程度。著名跨国企业在华公司将“托业”成绩作为招聘、外派和提升员工的必要考核指标。

（7）翻译专业资格（水平）考试：由国家人力资源和社会保障部颁发统一印制并用印的《中华人民共和国翻译专业资格（水平）证书》。该证书在全国范围有效，是聘任翻译专业技术职务的必备条件之一。这项考试分三级、二级、一级口笔译翻译和资深翻译 4 个等级。报考条件：三级：非外语专业本科毕业、通过大学英语六级考试或外语大专毕业生水平，并具备一定的口笔译实践经验（一二级须有工作经验）考试时间：暂定为每年为 5 月和 11 月。

3. 第三类证书：全国计算机等级证书

全国计算机等级考试（National Computer Rank Examination，简称 NCRE），是经原国家教育委员会（现教育部）批准，由教育部考试中心主办，面向社会，用于考查应试人员计算机应用知识与能力的全国性计算机水平考试体系。该考试是测试应试者计算机应用知识和能力的等级水平考试，分一、二、三、四级。

考试科目：一级 MS Office、一级 WPS Office、一级 B（部分省市开考）。二级考试科目：语言程序设计（包括 C、C＋＋、Java、Visual Basic）、数据库程序设计（包括 Visual FoxPro、Access）。三级：分为“PC 技术”、“信息管理技术”、“数据库技术”和“网络技术”四个类别。四级：考核计算机专业基本知识以及计算机应用项目的分析设计、组织实施的基本技能。

报考条件：无特定限制

考试时间：每年开考两次，上半年开考一、二、三级，下半年开考一、二、三、四级。上半年考试时间为四月第一个星期六上午，下半年考试时间为九月倒数第二个星期六上午。

4. 第四类证书：专业资格证书

自从20世纪90年代末，职业资格证书认定以来，我国取得各种证书的人数已超过4000万。且职业证书覆盖面不断拓宽，已经达到企业劳动力的50%，职业教育和培训机构学生的70%。由此可见，大学在校生显然已成为职业资格考试的主体。可以理解，在劳动和教育部门的政策引导下，我国职业教育已开始实行学历证书和职业资格证书的“双证书制度”。

就业准入制度：就业准入是指根据《劳动法》和《职业教育法》的有关规定，对于从事技术复杂、通用性强、设计国家财产、人民生命安全和消费者利益的职业（工种）的劳动者，必须经过培训，并取得职业资格证书后，方可就业上岗。目前，劳动和社会保障部根据《职业分类大典》87个职业目录；人事部也规定了包括人力资源管理师等20多个行业实行就业准入制度；而国家的相关法律已经明确规定了律师、会计师等的就业准入制度。由此可见，高校学生唯有迎合社会的行业要求，方能有资格从业。

不单是行业的需要，企业的要求和就业推动都成为了当今职业资格考试热的重要原因。来自有关劳动就业市场的统计报告显示：用人单位对求职者有明确职业资格要求的占用人单位总量的52%，且有上升趋势。一些用人单位明确表示“持有相应职业资格证者优先考虑”。所以，在大学在读的同学们，为了争取到更多的就业机会，早早就把目光投向报考各种职业资格认证上。也不乏一些学生是为了自身知识能力的提高来参加考试。显然，职业资格证已然成为大学生择业过程中的重要砝码，希望用此“敲门砖”提升就业核心竞争力。

职业资格证书的种类与区别：根据中华人民共和国1995年1月7日颁发的《职业资格证书制度暂行办法》规定，职业资格包括从业资格和执业资格。相应的，职业资格证书分为《从业资格证书》和《执业资格证书》两类。

执业资格实行注册登记制度，取得《执业资格证书》后，要在规定的期限内到指定的注册管理机构办理注册登记手续。所取得的执业资格经注册后，全国范围有效。超过规定的期限不进行注册登记的话，执业资格证书及考试成绩就不再有效。从业资格是政府规定技术人员从事某种专业技术性工作的学识、技术和能力的起点标准。绝大部分的职业资格证书证明的是从业资格，并不作准入控制；在特定的领域、在一定范围内实行强制性就业准入控制的，是执业资格，国际通行的是注册会计师、执业医师、律师等有限的几个行业。我国已经开始实施的执业资格考试有：建造师（一级、二级）、注册机构工程师、注册建筑师、监理工程师、房地产评估师、造价工程师、执业药师、矿产资源储量评估师、注册城市规划师、注册税务师等。

5. 第五类证书：发表论文的证明及专利证书

如果在本科阶段能够发表高质量的论文，尤其是被EI/SCI收录的论文，足可以证明你在学术研究方面有一定的造化，那么这将极大地帮助你顺利就业或是继续深造。

专利申请分为发明、实用新型和外观设计三种类型，虽然发明专利较难，但是实用新型和外观设计专利还是很容易申请到的，而且专利证书有利于申请户口，招聘企业自然会专利证书很重视。

6. 第六类证书：兼职实习证明

如果你能够进入企业进行兼职，不但可以感受到职场文化，也可以为自身就业打下基础，毕竟有经验的应聘者在就业中能更胜一筹。同时，你留在兼职的企业中的概率也较大，如宝洁公司80%的兼职生最终被留下成为了正式员工，IBM达到50%……

即使你没有进入企业进行兼职工作，也不要放弃小型或是灵活地兼职工作，如在小饭店打工，散发宣传单、家教、商场临时促销等。在这些最接近于生活的兼职中，你的感受会更加真实，认识到工作赚钱的不易，会大大磨练你的意志，端正你的职业态度，提升你以后的职业能力。

7. 第七类证书：荣誉证书

奖学金证书：只要你成绩优异，能够排在班级或是专业前几名，便可以得到奖学金。奖学金证书可以证明你的学习能力。

竞赛证书：在校期间尽情地发挥余热，参加各种竞赛，充分施展自己的才华，而后被名企选中的例子并不鲜见。参加竞赛，无论成绩怎样，至少可以判定你是一个乐于进取、用于竞争的人，企业是很看重这一点的。

优秀学生证书：成绩优异、积极参加各项活动，综合能力强，能够得到老师和同学们的认可，是可以争取到优秀学生证书的，包含优秀学生标兵、优秀团员、三好学生、五四青年等（每所学校有严格的评定办法）。

优秀学生干部证书：如果有机会或能力做一次学生干部吧。通过自己真心的付出服务于同学，成为老师的助手，同学们的朋友，从中锻炼组织能力、领导能力、协调能力、演讲能力、社交能力等，全面提升自己的综合素质，会提升给企业“眼前一亮”的几率。

二、兼职初涉社会，合理制定目标

（一）尝试兼职实践，感受职场环境

著名教育学家怀海特说过：“中学阶段，学生伏案学习，而在大学里，他应该站起来，四面瞭望。”兼职就是我们的瞭望塔。大学有足够的自由，这种自由，不仅体现在学术上，也应该体现在你支配生活的方式上。有人选择专注于学术研究，有人热衷于学生干部岗位，又有些人把业余生活安排在兼职上。无论是是否想早一点接触社会，接触职场，都建议你在保证学业的基础上，走出校园，进行一两次的兼职实践。兼职作为大学生接触社会，了解社会，社会最直接、最有效的方式，大大缩短了学校与社会的磨合期。只有在兼职中，才能够感受到职场的环境，才能发现自己的职业理想是否与现实相一致，才能够从

中学习到学校内学习不到的知识，积累工作经验，才能感悟到很多……那就来提高你的应变能力、心理承受能力以及与人交往、团结合作的能力，参加兼职吧。

知识拓展

大学生常见兼职岗位

1. 家教

适合某一门或几门学科功底扎实，善于沟通，讲解能力较好的同学。随着近期小语种学习热潮迭起，各小语种专业的同学找家教会有很大便利。

优点：工作时间固定，工作环境相对安静轻松，且薪酬高。既可用到自己的知识储备又可接触社会，锻炼口头表达、思维和应变能力。

缺点：单纯重复以前的知识，对专业学习和动手能力的提高没有太大作用。女生需注意人身安全。

应聘途径：通过学校勤工俭学中心介绍，实体中介或是网络中介。但需要缴纳一定的中介费。

工资薪额：无固定标准，需要根据受教者自身水平和受教者家庭条件而定。

2. 促销员

优点：各企业多利用周末和假日进行产品促销，一般不与学习时间冲突。与人沟通的能力和耐力都能得到很好的锻炼，有助于增强团队协作能力。由于短期促销以在校大学生为主，可以结识很多同龄人朋友。

缺点：工作强度大，需要一定的体力和耐力；专业技能锻炼少。

应聘途径：留意学校周边的较大规模的超市或专卖店等。

工资薪额：一般采用底薪+提成的方式支付，底薪多为每天50~100元。

3. 服务生

在连锁店或学校食堂、附近小饭店工作。主要是收拾卫生、服务于客人。

优点：必胜客、KFC、麦当劳等快餐店品牌形象良好，是认识社会的一个好窗口。工作需要你时刻保持招牌式微笑，身心自然变开朗。对反应能力，记忆能力的提高都有帮助。

缺点：薪水不高。连续工作达4小时会供应一顿免费午餐。劳动强度较大，需“马不停蹄”地工作，如果不小心与顾客发生冲突则会被重罚。

应聘途径：必胜客、KFC招计时工一般都会在店外贴招聘启事，如有这方面意向可以留意周围相关快餐店，也可以登录KFC等的专门网站寻找招聘信息。

工资薪额：一般为6~8元/小时。

4. 礼仪

对形象气质要求较高，且要有充裕时间。适合身高容貌身材有优势的同学。

优点：薪酬较高、接触高层社会，在一定程度上会激发人的上进心。工作前一般要接受严格的形体培训，对自身形象塑造大有益处。

缺点：越光鲜的舞台，背后的风险和要付出的代价就越大。如果没有足够的安全保障，一定要谨慎。

应聘途径：网络、中介、或公司招聘窗口。

工资薪额：大型活动或车展礼仪的工资200元左右/天。

5. 派发、宣传

主要工作内容在主办单位派发其提供的宣传资料或产品，兼职人员街派、户派或按具体活动需求具体安排等形式完成，以起到对主办单位企业形象、具体活动或新产品的宣传造势的作用。

优点：锻炼人的意志力，承受力。在一定程度上也锻炼人的思维。

缺点：容易被同种或相似产品或服务的其他公司的派发、宣传员排斥，在一定程度上引起不必要的冲突。同时受天气影响较大。

应聘途径：网络、中介或公司招聘窗口。

工资薪额：50元左右/天。

6. 翻译

适合语言类专业学生，对外语水平要求高，口译还要求外貌端庄大方。

优点：可以锻炼自己的外语水平，工作时间十分灵活。学习与赚钱同步进行，笔译在寒冬炎夏不需出门便可获得丰厚报酬。

缺点：有的企业会因稿件质量不过关为由拒付稿酬。对个人能力要求较高，有时薪金与付出不成正比。

应聘途径：可以关注电视，报纸，杂志及专门的人才招聘网站上的招聘广告。兼职翻译要找具有一定规模，可信的翻译公司。每次翻译材料之前要签劳动合约，报酬最好分两次索取，译前拿一部分定金，译后一手拿钱一手交稿。

工资薪额：100元左右/万字。

7. 写作

期刊的编辑、修改、论文校对等。

优点：工作时间灵活，自行掌握。对自身文笔水平的提高很有帮助。

缺点：难以保障薪酬到位。现在也出现了“代写论文”，请注意，这是不道德的，在一定程度上会违反法律，要倡导学术真实性。

应聘途径：关注电视，报纸，杂志及专门的人才招聘网站上的招聘广告。

工资薪额：较难界定。

8. 实习

优点：大学生在掌握一定的专业知识后便可以积极“推销自己”，到与专业相关的单位实习。“纸上得来终觉浅，绝知此事要躬行”。毕竟上大学的目的之一就是要找一个好工作。实习就是为这一最终目的添砖加瓦。如果所学的是新闻、计算机等需要较强实践能力的专业，实习的重要性更是不言而喻。在实践中学习，学以致用，知识会掌握得更牢固。

缺点：实习一般工资很低，甚至不给工资，相关费用需自理。

应聘途径：招聘会、网络招聘、校助学中心、家人企业等。

9. 校内勤工助学岗位

大学中有一定数量的学生出身于贫困家庭，国家为此设立了专项助学金，同时学校也成立助学中心在校内为同学们提供课余兼职机会，并给予一定的工资，来帮助贫困学生完成学业。具体岗位：实验助理员、校护卫队、环保员、行政助理、图书馆管理员、办公室内勤、收发室内勤、体育设施保管员等等。

优点：校园内工作，且是学校设定岗位，安全有保障。拉近老师与学生的距离，熟悉学校日常管理工作，有助于熟悉校园。利用课余时间，不耽误学业。

缺点：工资低，很少能够接触到自己专业的工作，对专业的深入学习帮助不大。

应聘途径：学校助学中心通知公告。

（二）参与社会实践，树立责任意识

责任感是一个人的思想、觉悟、道德和良知等可贵品质的铸成物，也是一个人成才的重要素质。人只有具备责任感，才能具有驱动自己一生都勇往直前的不竭动力，才能感到许许多多有意义的事需要自己去做，才能感受到自我存在的价值和意义，才能真正得到人们的信赖和尊重。相反，如果人缺乏责任感，不仅没有可能成才，还会被认为是不可靠的人。对于工作来讲，要树立承担责任和履行义务的自觉态度，要把实现组织的目标当成是自己的目标，那么就是具有责任心。

大学生社会责任感是指，大学生对自己在 人类社会发展责任中的情况是否符合内心需要而产生的情感体验，其核心是大学生认识到自己对社会的安定与变革、人类生存与发展应负的责任，即将自己的存在与活动同人类社会进步联系在一起。强烈的责任感是大学生自我意识成熟的标志。如果每个大学生都能清醒地意识到自己的社会责任，这不仅有助于确定正确的前进方向、奋斗目标、而且会产生奋发进取的动力，激发内在潜能。

很多大学生将工作责任心化作服务回报社会、表达社会责任感的方式。在大学期间端正职业态度、强化责任意识将有助于塑造完美的人格，有助于提升自身的软实力，有助于帮助大学生就业及日后的职场发展。

知识拓展

大学生培养自身责任意识、端正职业态度的主要途径——社会实践

“三下乡”、社会调研、志愿服务成为大学生社会实践的主要形式。

1. 由学校团委组织大学生到一些校外社会实践基地进行社会实践

参与这类社会实践活动，一般要由院系推荐，主要活动内容：

（1）挂职锻炼

即大学生到某一单位如街道、企业、厂矿、机关等以担任某一具体职务的形式进行社

会实践活动，这主要在暑假期间进行。由于有具体的单位负责人进行带教，有具体的工作任务安排，有一定的工作压力和责任，因此，这类社会实践较有成效。与大学生进行教学、生产实习不同的是，挂职锻炼虽然也与专业进行适当的结合，但是更多的是让大学生站在管理者的高度，如担任助理等，培养大学生的全局意识，开阔思维。但由于具体组织等方面的实际困难，目前，能够参与的学生人数还较少，还局限在一些比较优秀的大学生中，如优秀学生干部、优秀团员、优秀学生等。

(2) 科技扶贫

如今大学生送科技到老（革命老区）、少（少数民族地区）、边（边远山区）、穷（穷困地区）等地方，帮这些地区扫盲，进行科技服务、科技咨询，用自己的科学技术知识帮助这些地区走上致富之路，是社会实践的重要内容。通过科技扶贫活动，大学生会意识到学习科学技术、掌握科学技术的重要性，同时也能更清楚地认识到自己肩负的社会责任。

(3) 社会考察和调查研究

这类社会实践活动，主要形式是走访、参观、调查、座谈等。大学生利用所学知识，提出对社会某一现象、企业某一问题的见解和看法，达到走进社会，了解国情的目的同时也能了解国家政治、经济等形势，培养起强烈的事业心和高度的社会责任感。

2. 由院系组织大学生参加一定主题的社会实践活动

多数情况下，大学生所在的院系在假期到来时，也会根据各自院系的特点以及优势，组织部分大学生参加社会实践活动。院系社会实践活动内容一般为科技服务、社会考察与调研研究。比较突出的特点是，这些活动与本专业的结合更为紧密，在学校特色之外，还比较注重院系的特色。学校和院系的社会实践实践活动，都有一定的名额限制，一般为集体组织，老师统一带队，参加的学生大约占学生总数的10%。

3. 大学生自己利用假期时间安排社会实践活动

这在学生占绝大多数。大学生应该增强参加社会实践的意识，积极投身到社会实践中去。一方面，学校对学生参与社会实践活动有具体的规定，很多学校已经将社会实践算是必修修满的学分，方可给予毕业证。另一方面，通过兼职、学生社团等实践活动，你可以感受到自己在成长。

（三）设计规划方案，明晰努力方向

大学二年级，面临着众多阶段和任务。没有一个适合自身的行动计划是很难顺利发展的，会造成学习与娱乐、就业、实践等诸多事宜相混乱，结果一事无成，自己还很疲惫。所以，必须给自己定制一套规划，盘点一下自己要做的必要事物，预想可能造成的时间冲突，根据轻重缓急按顺序排列清楚，同时考虑补充修正的手段，制定一份详细的规划方案。但无论自己的时间安排的多么紧凑，都要记住学业是首位，只有按照“学业——毕业——就业”的顺序才能顺利工作。所以，终归到底，在设想职业领域的基础上，更要清晰地制定自己的职业方向，进行合理的职业生涯规划主线，使其他事物都为职业生涯规划做准备和补充，既能完成大学学业，也能提高各项技能，达到各个分项目标，是完成大学时光最受益的、最充实的办法。

第二节　大学毕业路之选择

一、就业

就业是指具有劳动能力且有劳动愿望的人参加社会劳动，并获得相应的劳动报酬或经营收入。灵活多样的就业形式都可以视为就业。绝大多数大学生毕业后选择就业。

但随着高校扩招工作的开展，就业问题已经成为一个引起社会各界广泛关注的社会问题。2016 年，被称为最难就业季，但并不代表就找不到工作。大学生在毕业前要做好抉择，如果选择就业要提前最好充分的准备。

二、自主创业

所谓自主创业，是指劳动者主要依靠自己的资本、资源、信息、技术、经验以及其他因素自己创办实业，解决就业问题。辽宁省政府大力支持大学生自主创业工作，省政府投入专项资金，建设 11000 平方米的省大学生创业教育实训基地。以省大学生创业教育实训基地为龙头，建设了省、市、区（县）、高校多级创业孵化体系，为创业大学生提供创业教育、创业实训、创业孵化、创业指导等多项服务。

自 1998 年 5 月，清华大学举办首届创业计划大赛开始，自主创业一时成为社会各界关注的焦点之一。作为新时代的开拓者，大学生拥有较高的知识文化和科学技术，富有创新精神，蕴含着创业潜力。目前，已有大学毕业生已将个人创业作为就业方式的首选，并且这种创业成功的名人标杆也起着推波助澜的作用。当今，创业是大学生成长成才的一条捷径，它也是一种有效地就业途径。可是，尽管近年国家出台了一系列鼓励大学生创业的优惠政策，但是真正选择创业的大学生仍是少之又少，创业成功的大学生更是寥寥无几。目前，清华大学自主创业的学生约 500 人，只占清华学生总数的 2% 左右；而在美国，像斯坦福等知名大学，大学生创业的比例可以达到 10%。为此，教育部已经加强创业教育工作，倡导创业观念，关注和鼓励大学生创业，并支持大学生在校期间尝试创业。

知识拓展

适合大学生创业的领域

方向一：高科技领域

身处高新科技前沿阵地的大学生，在这一领域创业有着近水楼台先得月的优势，“易得方舟”、“视美乐”等大学生创业企业的成功，就是得益于创业者的技术优势。但并非所有的大学生都适合在高科技领域创业，一般来说，技术功底深厚、学科成绩优秀的大学生才有成功的把握。有意在这一领域创业的大学生，可积极参加各类创业大赛，获得脱颖而出的机会，同时吸引风险投资。

推荐商机：电子商务、软件开发、网页制作、网络服务、手机游戏开发等。

方向二：智力服务领域

智力是大学生创业的资本，在智力服务领域创业，大学生游刃有余。例如，家教领域就非常适合大学生创业，一方面，这是大学生勤工俭学的传统渠道，积累了丰富的经验；另一方面，大学生能够充分利用高校教育资源，更容易赚到“第一桶金”。此类智力服务创业项目成本较低，一张桌子、一部电话就可开业。

推荐商机：家教、家教中介、设计工作室、翻译事务所等。

方向三：连锁加盟领域

统计数据显示，在相同的经营领域，个人创业的成功率低于20%，而连锁加盟则高达80%。对创业资源十分有限的大学生来说，借助连锁加盟的品牌、技术、营销、设备优势，可以较少的投资、较低的门槛实现自主创业。但连锁加盟并非“零风险”，在市场鱼龙混杂的现状下，大学生涉世不深，在选择加盟项目时更应注意规避风险。一般来说，大学生创业者资金实力较弱，适合选择启动资金不多、人手配备要求不高的加盟项目，从小本经营开始为宜；此外，最好选择运营时间在 5 年以上、拥有 10 家以上加盟店的成熟品牌。

推荐商机：快餐业、家政服务、校园小型超市、数码速印站等。

方向四：开店

大学生开店，一方面可充分利用高校的学生顾客资源；另一方面，由于熟悉同龄人的消费习惯，因此入门较为容易。正由于走“学生路线”，因此在要靠价廉物美来吸引顾客。此外，由于大学生资金有限，不可能选择热闹地段的店面，因此推广工作尤为重要，需要经常在校园里张贴广告或和社团联办活动，才能广为人知。

推荐商机：高校内部或周边地区的餐厅、华飞四季旺酸辣粉店、咖啡屋、美发屋、文具店、书店等。

电子商务，互联网的发展日新月异，淘宝的出现，的确改写了中国的商业格局，互联网消费成为人们当今生活的主流，不要脸的可以说淘宝是中国互联网消费的鼻祖，虽然淘宝不是第一个在中国做电商的，但是市场竞争的残酷磨灭了曾经存在的霸主，易趣也只能默默的关上了门。

淘宝让许多的人成为了百万富翁，让消费者购物更便捷，物流业发展更迅猛，改变了人们生活方式的同时也改写了许多人的命运，工作压力大，事业不顺心，都想着能够“自己当家做主人”的革命情怀，自己给自己打工。特别是马云那种人本身的感染力，没有地主可以斗，许多人就趋之若鹜般地进入淘宝，开始自己的创业梦，进而改变自己的人生，然而淘宝，其实没有你想象中的那么简单。

方向五：技术创业

大学生毕业后，在学校学习的课程很难应用到实际工作中。毕业后学习一门技术，可以让大学生很快融入社会。有一技之长进可开店创业，退可打工积累资本。好酒不怕巷子深，所以有一技之长的大学生在开店创业的时候，可以避开热闹地段节省大量的门面租金，把更多的创业资金用到经营活动中去。

推荐商机：弹棉花店、裁缝店、修车行等。

三、升学

升学包括高职专科毕业生升入全日制普通本科、本科毕业生考取硕士研究生、硕士毕业生考取博士研究生、博士进入博士后流动站。

每逢三月，都会出现信誓旦旦地要考研的大三学生，他们信心充足地准备，买书，花几千块去报辅导班，到自习室占座，甚至在外面租房，雄心勃勃地制订学习计划……虽然读研深造是每个学子都希望的，但考研和读研是两个不同的概念。首先，任何人都适合读研，因为深造对任何人都有好处，但是考研却是场异常激烈的战斗和竞争，在这个竞争中，只有一少部分人才能留下来，同时落榜的同学也会受到一定的打击。所以，大三的同学们，不要随大流盲目地选择考研，应该理性地分析评价自己是否适合考研。

四、参军、入伍

我国《兵役法》第三条规定：“中华人民共和国公民，不分民族、种族、职业、家庭出身、宗教信仰和教育程度，都有义务依照本法的规定服兵役。”作为大学生，也有义务履行兵役的责任。每年部队从中央部门额地方所属全日制公办普通高等学校、民办普通高等学校和独立学院的全日专科（含高职）、研究生、第二学士学位应届毕业生中招收义务兵。

五、考公务员或事业单位

公务员，是指依法履行公职、纳入国家行政编制、由国家财政负担工资福利的工作人员。公务员职位按职位的性质、特点和管理需要，划分为综合管理类、专业技术类和行政执法类等类别。事业单位是我国特有的，它的划分方式较多，有按经费来源划分，按编制管理划分，按组织机构划分等。

我国公务员正规统一都叫国家公务员，不管是中央还是地方都是国家公务员，具体才分为中央、国家机关公务员和地方国家公务员两种。

国家公务员考试是指中央、国家机关以及中央国家行政机关派驻机构、垂直管理系统所属机构录用机关工作人员和国家公务员的考试。

地方的公务员考试是指地方各级党政机关，社团等为招录机关工作人员和国家公务员而组织进行的各级地方性考试。

中央、国家机关公务员和各省、直辖市分别组织公务员考试，不存在什么从属关系，考生根据自己要报考的政府机关部门选择要参加的考试，也可同时报考，相互之间不受影响。如报考者可以报考国家公务员考试，也可以报考地方公务员考试，两者不冲突；如果没有户籍限制的话，也可以报考其他省市的公务员，比如江苏的可以报考浙江的公务员。

六、大学生村官与选调生

（一）大学生村官

大学生村官是指应届全日制普通高校本科及以上学历毕业生，担任村党支部书记助理、村主任助理或其他职务。大学生“村官”不是公务员，大学生“村官”是村级组织特设岗位人员，系非公务员身份，而是带有志愿者性质的工作。大学生“村官”要进入公务员队伍，还必须经过公务员考试。但是对于表现优秀、聘期考核合格的大学生“村官”，可以享受公务员报考的优惠政策。

（二）选调生

选调生是组织部门有计划地从高等院校选调品学兼优的应届大学本科以上毕业生及选拔具有2年以上基层工作经历的大学生村官到基层工作，作为党政领导干部后备人选和县级以上党政机关高素质的工作人员人选进行重点培养，这批毕业生简称“选调生”。选调生是省委组织部的后备干部，放到基层锻炼，人事权归省委组织部管辖，委托接收单位考评。调动范围是全省建有党组织的各级党政机关、事业单位、人民社团。可以理解成一种特殊的干部身份。

七、出国留学

当今，国际合作不断加强，出国留学早已不是陌生话题。有相当一部分毕业生要参与到国际人才竞争中去。面对严峻的就业压力和升学竞争，出国留学受到越来越多大学生们的青睐。对于准备出国留学的同学们，一定要提前做好充足的准备。

出国留学需要比较昂贵的费用，大学生们应该结合自己的情况及家庭条件慎重选择留学。即便决定留学，也一定要谨慎办理相关手续，以防被骗。

无论你最终选择哪种就业方式，都一定要量力而行。既要结合自己的优势，又要运用自己的资源，切记不可随大流，盲目地选择考研、出国等，更不能草率找一个工作，第一份工作对自己未来的发展影响很大，不能眼高手低。同时要认真考虑家人的意见和建议，寻求他们的见解和帮助，各方权衡，希望能够慎重抉择未来的道路。

八、志愿服务

（一）大学生志愿服务西部计划

共青团中央、教育部联合成立全国大学生志愿服务西部计划领导小组和项目管理办公室，负责这项工作的总体规划、协调和指导。由共青团中央、教育部联合成立全国大学生志愿服务西部计划领导小组和项目管理办公室，负责这项工作的总体规划、协调和指导，财政部、人事部给予相关政策、资金的支持。从2003年开始，通过公开招募、资源报名（一般网上自行报名）、组织选拔、集中派遣的一系列流程，每年招募一定数量的普通高校应届毕业生到西部贫困县的乡镇工作，一般服务期为1~2年。

（二）“三支一扶”计划

为贯彻落实《中共中央办公厅、国务院办公厅关于引导和鼓励高校毕业生面向基层就业的意见》（中办发［2005］18号），中央组织部、人事部、教育部、财政部、农业部、卫生部、国务院扶贫办、共青团中央决定，按照公开招募、自愿报名、组织选拔、统一派遣的方式，从2006年开始，每年招募2万名高校毕业生，主要安排到乡镇，从事支教、支农、支医和扶贫工作，服务期限一般为2年。

（三）辽西北计划

为强化后续人才培养，鼓励志愿者扎根西部基层，经中共辽宁省委、辽宁省政府同意，从2003年开始，在全省实施大学生志愿服务辽西北计划。此项工作由团省委、教育厅、财政厅和人事厅组织实施。从2003年起，每年在省内普通高校招募500名应届毕业生，到辽宁西北部地区共计10个省级贫困县的乡镇从事为期2年的基础教育、农业科技、医疗卫生、基层青年工作、基层社会管理等志愿服务工作。

九、灵活就业

所谓灵活就业，是指以个体劳动为主的一类职业（如作家、自由撰稿人、翻译工作者、网站开店等）或毕业生短期到用人单位工作，用人单位不予出具任何就业证明。

第三节　提升职业技能，做好重要抉择

培养职业技能是一个长期且持续的过程。为了成功，你需要把大学生活看做是对你未来职业的投资。成绩只代表过去，技能则代表现状，学习能力将决定未来。

一、深入专业学习，积累技能水平

大三时期最重要的任务是为一年后毕业做准备，无论你是选择就业、升学还是创业，都需要具备就业的心态来规划和安排生活，因为即使你最终决定考研，终究还是要走向工作岗位，所以就业的关键是要具备职业能力，业务水平，那么就要必须拥有扎实的基础功底。

(一) 参与项目课题，完善知识结构

捷普洛夫有句名言："一个空洞的头脑是不能进行思维的。"丰富的知识结构，有利于开阔思路，打破知识的狭隘空间，使不同的知识相互渗透。

首先，学生需要持续积累夯实专业基础知识，这是完善知识结构的要点之一。通过大一大二期间的学习，为大三期间专业课的深入学习打下了一定的基础。但是要学通一个专业，仅仅靠大学设置的课程，是远远不够的。这就需要大学生们多读与专业相关的书籍，对自己的专业有足够了解，精通专业知识。只有具备一定的知识积累，才能为专业知识的学习打通通道进而更加精通专业知识。

其次，大学生还应适时吸纳、储备大容量的新信息、新知识。具有渊博的专业知识只是大学生知识结构的一个基础，而真正完善知识结构还需大学生多关注时事、多阅读各领域的书籍，使个人具有丰富的知识储备和广博的知识面，而且如此下去，还能够开拓视野，激发想象力，使个人具有新思维，以此进一步提高创新能力。

再次，大学生要通过科研实践来增加自己的动手能力及经验阅历，以此开拓思维，提升能力。大三期间，你要多与专业课老师交流，很多老师都有自己的科研项目，辅导员老师会有思政类的科研项目，你要真心的付出劳动参加其中，这对你大有益处。若是就业，企业也愿意招聘有科研项目经历的毕业生。在一定程度上，就业单位会认为你具有一定深入的科研研究、实践能力和团队作战能力；若是升学，研究生导师更看中学生是否具有科研经历，会为日后申请课题、展开课题打下扎实的基础、提供宝贵的经验；若为自己毕业，从科研项目中抽取一块研究作为自己毕业的学士论文是再好不过的。既能够对科研项目在某一领域有了更深层次的研究，使得科研项目更具备现实意义，也为自己本科的毕业论文找到了宝贵的素材。目前，各高等学校都积极鼓励在校生参加课题研究，并提供了相应的优惠政策，如增加学分等，所以，应当尽早与老师沟通，参与科研课题。只有参加其中，才能明白大学"科学研究"这项根本职能。当然，参加科研课题需要严谨务实、求真创新的精神。

最后，大学生要培养科学的学习习惯和思考习惯，这不但有助于创新能力的提升，而且能够培养科研实践的能力。只有在稳扎稳打、循序渐进的学习中，我们才能及时有效地发现问题，提出问题，然后再加上我们合理的联想，创造性地分析问题和解决问题。这些都是参与科研实践必备的条件。大学生要能够具有认真严谨的态度，科学的学习习惯，勤思考，多实践，这样不仅能提升自己的能力，而且个人的提高也将带动群体的发展。

(二) 参加交流座谈，博取百家精华

汉代思想家王充说："人不博览者，不闻古今，不见事类，不知然否，犹目盲耳聋鼻痫者也”，他的一生“博通众流百家之言”，写出传世名著《论衡》。所以，在大学里你必须寻找各种“高手”听前辈们传道，来帮助你完成规划。

报告厅：一般说来，能在大学里做报告、交流、讲坛的人士都是才能兼备较有建树之人。他们身上有各种较高殊荣的头衔，现实中也存在很多的崇拜者和追捧者。无论他们的职位多高，才气有多大，他们能走进报告厅将他们最宝贵的才识展示和分享给大家是值得敬佩的。那么，你就更要把握住这来之不易的机会，虚心请教交流。如果顺畅的话，记下他们的联络方式，也是为了以后更进一步的学习。

校友会：了解一下哪些公司企业是与你向往的专业相关的？哪些公司企业的老总是你的学长或是曾到你们学校来做过报告？试想一下，能到学校来作报告的人士都是学校老师邀请而来的，那么他们的关系一定要好。所以到申请去那里实习或参与一个有意义的策划活动或是拉一些赞助，这都将获得宝贵的经验。

学术导师与教授：大学乃大师之学，无大师则无大学。在大学中，能够评定为教授的老师都是经历过层层筛选，立志于专业研究的人士。他们能够忠恳地为你提供一些专业和职业的选择建议。如果你对上过的某一门课程很感兴趣并觉得值得深入学习下去，那么就应该经常向你的教授、导师请教有关这门课程的相关问题。从中你会发现有很多知识是有联系的，许多领域的知识等待你去深究，很多职业也许会适合你。

学长们的心声：几乎每一所大学的学长们都乐于将自己的经验分享给学弟学妹们。你应该多跟不同性格的学长们交流，毕竟仁者见仁智者见智，他们会从自身的角度来帮助你剖析问题。对于不同的意见，如果很难以取舍，就要看看他们谁的发展更为出色，或者将你的情况对比一下，看看自己与哪位学长情况相似，这样运作起来更具有可行性。

二、洞悉职业需求，确定目标岗位

就业，不仅是自己与自己的较量，更是和众多应聘者之间的较量。你必须做到比对手更加专注。所以不要仅仅局限于校园招聘的信息，也要从多角度来搜寻职业信息，了解职业的发展。

（一）搜集专业职业，锁定目标职业

每个专业的设置都都是为了培养某一领域的人才。所以每个专业都对应着一定的职业。大三时期，应该对你所学的专业或是感兴趣的专业所涉及的职业领域做深入了解，并洞悉未来几年的职业需求情况，从而在其中做好职业目标的选择。

搜集自己所属专业对应的职业最好的办法就是步入招聘会现场或是搜集招聘网站的信息。因此，你应该自对职业进行仔细的调研。不过在此之前，你要重新阅读所属的专业培养计划，这样更有助于你便捷地、有方向具有针对性地搜集信息。在搜集大量的信息之后，你要结合自身的优势来初步确定日后想从事的职业。自身优势主要包括你的资源、能力、投资、经验等，尽量避免仅仅由于感兴趣而一点基础都没有盲目地确定一个职业。

在确定专业职业后，就要锁定目标职业。目标职业，就是你最初步入这个行业要从哪个职业做起，以及你最后要达到的职业高度是什么岗位。通过你手机的各种岗位招聘信息，了解自己现在与目标所在的差距，以便结合自身去补充相应的能力，毕竟还有一年的时间进入大四，所以立刻补充一下知识和技能为以后做铺垫也是来得及的。

在锁定目标职业后，要进行职业体验。建议到所搜集的企业公司做兼职实习，通过做职业相关的核心工作来体验这个职业。每一个岗位最典型、最核心的工作内容是什么，判断自己是否能够承受得住相应的工作压力和强度，自己到底喜不喜欢这个职业岗位，能否深入的工作下去。即使没有机会兼职实习，你也一定要联络到所搜集的企业公司的员工，向他们讨教经验经历。如果自己实在找不到熟识的员工，可以同几个志同道合的同学在一起，进行问卷调查，以职业岗位调查的名义联系公司的相关负责人，用短暂的午休时间请该公司人员的配合填表，相信以诚意换来的答卷是最真实的。

（二）升华兴趣潜力，优化规划方案

在大一大二期间，或许你按自己的规划已经完成过几个小目标。同时，在完成的过程中，你领会了每一份辛苦，每一份不易。你或许也会意识到某些目标得以实现的艰难，或是遥不可及。也许是你的方法不正确，也许你选择的方向不是你所擅长的，也许你的目标并不是自己感兴趣的，也许你没有充分利用你的优势，总之，目标艰难的取得或是没有达成目标都需要你认真评估总结经验。所以，是时候去升华你的兴趣潜力，优化你的职业生涯规划。升华，是指某些事物的精炼和提高。在职业生涯规划中，你要遵循“择己所长”、“择己所爱”、“择世所需”、“择益最大”的原来来进一步调整优化设计。“择己所长”是要选择自己擅长领域才能发挥自我优势；“择己所爱”是指只有对自己选择的职业有极大的热爱，才会全心投入，出成绩；“择世所需”是指所从事的职业只有为社会所需，才会有发展的保障；“择益最大”是要为自己选择适合自己并有发展前景的职业。无论你之前制定的小目标实现的如何，都要在此结合现状适时分析追逐目标的可行性，不能盲目地依据自己的喜好、或是随大流制定或实施计划。在兴趣潜能中提炼自己最精华的部分，找到自己擅长的领域以便发挥自我优势。一个人得潜能是无限的，此时的你必须分析周围环境的利弊，结合自己的能力，查找在哪个领域哪个职业中还能进一步发挥自己的潜能，能够有所建树，这样把不切实际的目标计划排除掉，也要根据自己欠缺的知识或者能力增添新的目标和要求，以便向总体目标迈进。

三、善于把握机遇，权衡慎重抉择

自实行“自主择业、双向选择”的就业制度后，大学毕业生实际已经步入了就业市场化的轨道。在社会主义市场的条件下，大学生毕业后选择的就业方向主要有就业求职、考取公务员、自主创业、升学、出国留学、参军入伍、支农支教等多种途径。大学生就业的主要途径有：

（一）市场就业

1. 高校毕业生校园就业市场

高校毕业生校园就业市场俗称“校园招聘”，是毕业生与用人单位供需双方进行就业双向选择、实现求职和招聘的首选场所。其主要功能是举办综合性就业双选会和用人单位专场招聘会、发布就业信息、提供网络服务和就业指导。各高等院校针对本校办学特色和毕业生专业技能特点，通过高校间协作或独立操作等方式，利用校园内部地点如操场、教室、体育馆、图书馆等，举办各类针对性较强的就业双选活动。大部分用人单位直接进入校园，根据岗位需要和具体要求，通过校园招聘现场直接招收到符合条件的高校毕业生，毕业生也不用东奔西跑，可以在学校内部与心仪的用人单位直接沟通、交流、签约。这样做既节约成本，又提高效率。这是最简单、便捷、也是签约率较高的就业方式。同时，目前绝大多数的高校都开设了就业短信平台，只要有企业进入校园招聘，会第一时间通过短信群发系统告知毕业生和部分教师，极大程度上缩减了信息的流通时间，节约了毕业生的宝贵时间。

2. 政府组织的招聘会

政府机构组织的招聘会主要集中在省会城市，面向社会各界人士。也有针对高校毕业生开展的专项招聘会，如省大学生就业指导局组织的女生专场招聘会、应届生专场招聘会，或是针对某一行业开展的专项招聘会等。这些专项招聘会为用人单位和毕业生都创造了良好的条件，充分发挥了地方政府就业市场的示范带头作用。近些年，在各地毕业生就业工作领导机构的组织管理和监督协调下，人社厅及社会有关部门也在积极组织面向大学生的招聘活动。

3. 招聘网站

随着计算机网络的普及，及手机使用率的提高。越来越多的求职者选择浏览招聘网站来投递简历。事实上，用人单位也开始运用网络对求职者的基本信息进行筛选。利用 E - mail 等形式通知应聘者笔试、面试等。在提高工作效率的同时，也降低了工作成本，使得招聘流程更加规范化。目前，招聘网站也可称为代理招聘。代理招聘即企业委托社会人才服务机构等中介单位和部门进行招聘。由网站的“猎头”帮助企业挑选应聘者。

国内主要的招聘网站有：

（1）前程无忧（中国最具影响力人力资源服务供应商）；

（2）智联招聘（国内最早最专业人力资源服务商）；

（3）中华英才网；

（4）中国人才热线；

（5）应届生求职网（主要面向大学生及在校生求职招聘）；

（6）赶集网（目前中国最大的招聘信息平台）；

（7）58 同城（专业的免费发布其他职位招聘信息平台）；

(8) 中国国家人才网（唯一国家级政府所属人才招聘网站）；

(9) 猪八戒网（中国最大的创意服务交易平台）；

(10) 智通人才（高薪企业，最大的人才服务连锁品牌）等。

4. 各类媒体

目前，招聘报纸已得到社会人士的认可。这类报纸按照行业划分进行专项招聘。还有一些综合性的报纸、杂志、电视和广播等设有招聘专版专栏。也有部分企业在公司网站的主页上有招聘窗口，开展招聘的宣传工作。在全国各省市的人事资源考试网上，也公布各省市事业单位的招聘信息和流程，如辽宁省人事考试网（http：//www. lnrsks. com/），这些都成为了现代社会大学生求职的重要渠道。

（二）指令性就业

指令性就业是指定向、委培毕业生回原定向、委培单位就业，毕业生按照国家指令性计划分配就业。

第四节 培养职业素养，迎接职业冲刺

大四，是人生中另一个转折期。这一年后，每个人又会重新踏上不同的征程。大四也是一个收获的时节，收获三年的播种。同样的时间不一样的状态就是源于你对前三年积累与选择。

一、认清就业形势，调整职业目标

（一）搜集就业资讯，利用优势资源

经常听到某些毕业生会说：当时不知道有这个企业；不清楚某某企业待遇这么好；某某企业是什么时候招聘的；某某人是怎么知道招聘信息的……由此可见，招聘信息出现了延展盲区。但是，从毕业生自身角度来讲，终究是自己错过了很多重要的就业信息。当代，在现代社会，就业不仅取决于知识、能力、综合素质、社会需求等因素，也取决于个体所获得就业信息的量与质，以及个体收集、处理、应用就业信息的能力。可以说，信息等于机遇。信息量越多，选择面越宽；信息质量越高，把握越大；信息越及时，越有主动权；信息越全面明确，求职的盲目性越小。就业信息是择业的基础、决策的前提，是调整生涯目标的参考，更是顺利就业的可靠保证。而面对现实就业信息匮乏、虚假信息等乱象，如何搜集筛选出适合自己的就业信息、利用一切积极的优势资源，是一门必要的功课。

(1) 通过学校就业主管部门获得信息。

学校的毕业生就业办公室或毕业生就业指导中心，是高校学生毕业就业工作的行政管

理部门，在长期的工作交往中与各部委和省市的毕业生就业主管部门及用人单位有着密切的联系，社会需求信息往往汇集到这里。在毕业生就业过程中，他们会及时向毕业生发布有关需求信息，进行就业指导，让毕业生大致了解当年社会对大学生需求的状况及有关就业的政策规定，学生本人也可以就有关问题进行咨询。学校毕业生就业办公室或毕业生就业指导中心是获取用人单位信息的主渠道，他们提供的信息无论是数量还是质量，都有明显的优势。且具有针对性强、信息及时、签约率高等特点。

（2）通过各级毕业生就业指导机构获得信息。

国家教育部成立了全国高校毕业生就业指导中心，各省市也陆续建立了毕业生就业指导机构。这些专项部门和机构的设立，就是用人单位与高校毕业生连接的桥梁，提供就业政策、招聘信息的咨询与服务。

（3）通过社会各级人才市场获得信息。

随着社会主义市场经济建设的发展，我国人才市场中介机构也应运而生了，“人才交流会”、“供需见面会”获得信息。这类活动有的有各大高校主办，有的由当地毕业生就业主管部门组织。因为是供需双方之间见面，不仅可以掌握许多用人信息，而且可以当场拍板，签订协议，比较简捷有效。在那里不仅可以了解到许多各类不同的机构和职位，而且还为你提供了一次极好的锻炼面试和增强面试中自信心的机会。

（4）通过新闻媒体获得信息。

每年大学生毕业就业之际，报刊杂志上一般都会刊登一些关于大学生就业的指导信息，信息从不同侧面和角度反映了当年大学生就业的需求情况。在传媒业高速发展的今天，广播、电视、报刊、杂志等新闻媒体受到了招聘机构和求职者们的共同青睐，如《中国大学生就业》等每期都刊载有数量不等的招聘信息，除此以外，还开设“择业指导”、“企业之窗”和“政策咨询”等专栏，为毕业生就业提供指导。

（5）通过寄自荐信、打电话、登门拜访等方式收集信息。

不要错过任何一条招聘的信息，也不要错过任何一次求职的机会。如果你早已对某个企业公司心仪，那么就鼓足勇气主动向贵单位说明你的意向，表达你的向往。即使贵单位暂时没有用人信息，相信在你的真诚感召下，也会在公布用人信息时第一时间告知你。

（6）通过生产实习、社会实践、毕业实习等机会收集需求信息。

平日里参加的社会实践、实习实训不仅是你增加技能的过程，也是你积攒的就业信息的资源。通过自己的努力赢得用人单位的好感、信任，取得职业信息甚至直接谋得职业的大学生不乏其人。因此，大学生在各种社会实践活动中，在了解社会，提高思想觉悟，培养社会能力的同时，要做一个收集职业信息的有心人。另外，一个很重要的实践环节是毕业实习。选择比较对口的实习单位，通过实习便可以直接掌握就业信息。如果在实习过程中与用人单位达成就业协议也是一个很好的就业途径。

(7) 通过社会关系网获得信息。

当今社会，人脉的重要性不言而喻。你的亲属、朋友、老师、校友都是你的资源。等待就业的你，千万不要碍于情面而失去他们的人脉，能够较早签订协议的同学很多都是靠家人帮助联系的。实际上大多数用人单位更愿意录用经人介绍和推荐进来的求职者，他们认为这样录用进来的人比较可靠。因此，你若有这种机会千万不要放过，至少做个备用，做以选择。从另一方面来讲，招聘单位每天收到数百封求职信函，而且这些求职信函在内容上并无太大的差别，所述的求职资格和工作能力也都相差无几，谁也不比谁更为突出。那么招聘者面对如此众多的没有多大区别的陌生人，能有什么更好的方法分辨出究竟哪一个更强些，强多少？所以，在求职中，能够让用人单位更多地注意你，就必须想些切实可行的办法。所以，在关键时候找个途径帮助你推荐一下，也许是最为有效的。当然，关系要靠自己去发掘，途径也应该正当，切莫不择手段。

(8) 通过计算机网络获得信息。

随着信息时代的到来，计算机网络的应用已经越来越普遍。通过网络求职是近年来才兴起的人才交流方式，对许多求职者特别是高校应届生来说不再陌生。网络人才交流，是通过先进的高科技手段，将求职信息及招聘信息上网公开，用人单位和求职者可以通过网络互相选择、直接交流。网络人才交流，最大的优势在于即使求职者身在异地也能获得大量招聘信息及就业机会。网络人才交流，突破了人才信息与招聘信息沟通的种种限制，实现跨越时空界限、打破单向选择的传统人才交流格局。网络人才交流，讲究的是规模效应，因此其信息容量之大是其他人才交流方式所不能比拟的。毕业生不仅可以自由地从因特网上取得各种职业信息，而且还能利用因特网把自己的履历放入网中。

常用的求职网站：

人事部人才市场公共信息网：http://www.chrm.gov.cn/；

新安人才网　http://www.goodjobs.cn/；

智联招聘　www.zhaopin.com；

中华英才网　www.chinahr.com；

前程无忧　www.51job.com；

应届生　www.yingjiesheng.com。

(二) 更新就业观念，调适求职心理

对于大四的学生来讲，面临的两个最主要的压力就是毕业与就业。千万不要亵渎论文、设计，完成一项毕业论文或是毕业设计是一项非常不容易的，没有几个月深入的研究，你将颗粒无收。毕业论文或毕业设计是你对自己大学的一个交代，自然要对得起自己认认真真地完成。大学生就业难，早已被广泛讨论。每年都有相当数量的大学生一毕业就失业。也有从国外毕业的大学生，回国后从“海龟”就变成了“海带”。其实，这种就业压力在各年级学生中都存在，只不过，大四的你们已经走到了风口浪尖，无处可逃。

1. 大学生择业的心理误区

（1）从众心理

从众心理，也叫盲从心理，是指在社会或群体的压力下，个人放弃自己的主见而采取顺从行为的心理倾向。在从众心理的影响下，毕业生在择业时往往缺乏理性思考，忽视了对社会需求和求职单位的了解，忽视了对自己特点特长的分析，结果仓促决策，从而导致种种决策失误。

（2）依赖心理

大学生崇尚自我和自我价值的实现，可在择业中又缺乏自主性，存在很强的依赖心理，主要表现在对社会、学校和家庭的依赖。有部分大学生既希望找到称心的工作，又不愿自己到处奔波，把希望寄托在父母身上，依托在老师、学校上，这种心态与激烈竞争的社会现实格格不入，且容易埋怨周围的人和事。

（3）求全心理

有的大学生在择业时谨小慎微，顾虑重重，缺乏风险意识和风险承受力，妨碍了自我推销的有效展开；有些毕业生在择业时标准很高，一是要求单位的地理位置优越，二是要求工资与待遇丰厚、工作舒服，三是要考虑专业对口，发挥自己的特长，得到领导的重用，有发展机会。一句话，欲鱼与熊掌兼得之。这种求全心理极可能导致毕业生面对择业犹豫不决，错过良好的择业机会。

（4）攀比心理

大学生在择业过程中常表现出虚荣和攀比心理，“这山望着那山高，到了那山又不高”。有些毕业生择业时不考虑自己的主客观条件，不深入了解职业的内在要求，一心只想找一份“让人羡慕的工作”，往往把注意力集中在社会知名度高、经济效益好的用人单位；只图金钱、只图实惠，只要挣钱多，什么单位都行；只考虑区域，考虑工作地点，“宁要大城市一张床，不要小城市三间房”，非京、沪、深不去，非沿海开放区不去。“人往高处走，水往低处流”，这是一种好的心愿，若不顾条件的限制，则必然失败。

（5）自负心理

自负就是自以为了不起。持这种心理的毕业生，多为一些自身条件较好、工作能力较强的学生。他们大多自我感觉良好，自我估计较高，在求职择业上，好高骛远，期望值过高。主要表现为：择业取向较高，择业挑三拣四，消极等待，自视清高等。究其原因，是他们缺乏客观的自我分析和自我评价。一旦产生这种心理，就很容易脱离实际，使自己的择业目标与现实之间产生较大的反差，从而在择业时缺乏自知之明，而失去良好就业机会。

（6）自卑心理

与自负心理相反，表现为对自己的能力或品质评价过低，缺乏信心和勇气，总觉得自己不如别人、悲观失望、胆小、畏缩。主要表现在学习成绩平平、性格内向、不善言辞、敏感多疑、个人能力又很一般的学生。他们往往对所选职业拿不定主意，或者在用人单位面前过分谦虚，这些毕业生则容易自卑不敢主动地去面对选择、去面对竞争，从而错失择业良机。

（7）恐惧心理

有的大学生由于心理承受力和自控能力较差，毕业时，在各种压力面前，心理失衡，难以自控；有的大学生甚至害怕就业，表现出择业恐惧心理。

（8）急躁心理

有些大学生求职者在择业时，表现出情绪极为冲动，心境受到多重择业因素的困扰，面对现实处境，缺乏应有的冷静和自控的品质，心情急躁，盲目冲动。进行求职时，缺乏计划性，往往跟着感觉走，对各种信息常作出不思索的反应。面试时，一味强调自我意愿，不能客观地分析社会的需要，不善于控制自己的情绪，常常做出冲动的，事后后悔的决定。

（9）嫉妒心理

在争取同一个职位时，有些大学生会因为竞争对手势均力敌，不分上下，担心自己不能赢得胜利，因而通过打小报告、贬损、讽刺、挖苦、造谣、背后使坏等手段来达到击垮对方的目的。这种心理容易导致恶性竞争的持续，不但损害了多年的友谊，还降低了自己的人格，并且往往落得“机关算尽，枉费心思”的结果。

2. 大学生就业心理准备

（1）树立正确的职业价值观

“供需见面、双向选择”是大学生就业的基本模式。择业是在一定社会环境中进行的，受客观条件的制约，不可能完全超越社会需要去择业。一个人能否成才，不但取决于成才的决心和主观努力，还取决于社会需要。

在正确职业价值观的指导下，选择职业时应把握四个准则，即择己之所爱、择己之所长、择己之所需、择己之所利。但在实际择业过程中会出现许多矛盾，这就要分清主次，进行科学决策。在对能力、兴趣与满足需要三者考虑的权重上，应以能力是否胜任岗位为前提，在能力与兴趣一致的情况下，职业价值应与社会现实统筹考虑，从可能谋求的职业中选择那些能满足心理需要的职业。

（2）正确评价自己

“知己知彼，百战不殆”。对于择业，它同样是一条重要原则。大学生选择职业，其本身就是主观与客观相统一的过程。这就要求大学生毕业生要正确认识自己，对自己有一个客观而全面地评价，不但要清楚自己想干什么，更要弄明白自己能够干些什么，要清楚自己的气质特点、性格特征、专业知识、技术能力，明白自己适合做些什么。

（3）培养竞争意识

参与竞争需要极大的勇气，因为面临竞争就可能面临失败的打击。很多时候，大学生良好的择业机会白白错过就是因为在竞争面前犹豫了，退缩了。当你充分了解自我，拥有自信后，参加竞争就不是一件困难的事情。

(4) 培养变通与适应的能力

变通与适应的能力也是现代人优良的心理品质，拥有这些品质能够减轻许多的择业心理压力。比如，当你在一次激烈的竞争中失败了，你可以通过变通的能力合理调整自己的择业目标，将坏事通过良性转换成为对自己有利的生活经历。如果一个人缺乏变通和适应的能力，一味强调个人的职业意愿，那么他很有可能因为固执和狭隘而错失其他机会。

(5) 培养决策能力

择业不良心理的产生（焦虑，急躁，盲目从众等）很多时候是由于大学生决策能力水平低的原因。加强决策能力的锻炼是消除这些不良心理的有效途径。这就要做到：在纷繁复杂的信息面前不要慌乱，冷静下来根据自己的实际情况进行分析。在面对任何选择时，都要时刻紧扣住自己的现实状况，不要人云亦云，更不要急于做出决定。在抉择的关键时刻不手软，要知道任何选择都要付出代价，机会一旦溜走就不知道什么时候会回来，因此，冷静分析，果断决策，这将是你事业蒸蒸日上的开始。

(6) 培养豁达开朗的心境

当看到别人有好的职业选择时，与其嫉妒，还不如祝福。要知道嫉妒并不能另自己的心理平衡，反而会带来更多不必要的痛苦。不如用一种发展的观点来看待这个问题，毕竟人有一生的时间来证明自己的实力，更何况随着个人择业观念的不断变化，可能今天计较的这个职业并不是你最理想的选择，即便是，这个选择也不会是唯一的。当你以豁达开朗的心境对待这个问题时，会发现其实自己同样拥有广阔的天空。

3. 大学生就业心理的调试

(1) 自我激励法

自我激励法主要指用生活中的哲理、榜样的事迹或明智的思想观念来激励自己，同各种不良情绪进行斗争，坚信未来是美好的，因为失败、挫折已经成为过去，尽可能地把不可以预料的事当成预料之中的，即使遇到意外事件出现或择业受挫，也要鼓励自己不要惊慌失措、冲动、急躁，而是开动脑筋，冷静思考，寻找对策。大学生在择业过程中，要相信自己的实力，通过自我激励，增强自信心，消除自卑感，保持良好的情绪和心态。

(2) 情绪转移法

情绪转移法即把注意力从消极情绪转移到积极情绪上。当不良情绪出现时，可以通过转移注意力的方法寻找一个新颖的刺激，激活新的兴奋中心以抵消或冲淡原来的兴奋中心，使不良情绪逐渐消失，如运动、听音乐、看电影、唱歌、跳舞、交友等，进行自我娱乐，接受大自然的熏陶，使自己没有时间沉浸在因各种原因引起的不良情绪反应中，以求得心理平稳。

(3) 自我安慰法

自我安慰法又称自我慰藉法，关键是自我忍耐。在择业中大学生常常会遇到挫折，当经过主观努力仍无法改变时，可适当地进行自我安慰，以缓解动机的矛盾冲突，解除焦虑、抑郁、烦恼和失望情绪，这样有助于保持心理稳定。可以适当运用挫折合理化心理做情感转移。一种是“酸葡萄心理”，即缩小或否定个人求而不达的目标的好处，而认为该目标有各种缺点。比如择业中受挫于某单位，就想该单位也不怎么样，就像狐狸吃不到葡萄就说葡萄酸的一样。另一种是“甜柠檬心理”，即不是把目标好处缩小，而是把目前处境的好处扩大，比如择业中受挫于某单位，就想这样也好，我可以有更多选择的自由和机会。无论是“亡羊补牢，未为晚也”，还是“塞翁失马，焉知祸福”等话语，都可以用做自我安慰，以解脱烦恼。

（4）松弛练习法

松弛练习是一种通过练习在心理和躯体上放松的方法。在生理上，焦虑和肌肉紧张相关联的。如果是自己的肌肉得以放松，那么躯体的放松会令精神得到放松，从而疏解焦虑。常用的有肌肉松弛训练、意念放松训练等放松练习方法。放松练习可以帮助人减轻和消除各种不良身心反应，如焦虑、恐惧、紧张、失眠等症状。大学生在择业中遇到的心理问题，可在专业人员的指导下通过放松练习来解决。

（5）合理情绪疗法

美国临床心理学家阿尔伯特·艾里斯创立的“理性情绪疗法”认为，人有理性与非理性两种观念，这些观念指引下的认知方式，会左右人的情绪。人们的情绪困扰是由于不正确的认知即非理性信念所造成的，因此，通过认知纠正，以合理的思维方式代替不合理的思维方式，就可以最大程度地减少不合理的信念给人们的情绪带来的不良影响。例如有的大学生择业中受了挫折，便悲观失望或怨天尤人，其原因在于他认为“大学生就业应当是非常顺利的”，“社会应该为大学生提供充足的岗位”等。正是这些观念作怪，才导致或加剧了他的不良情绪。如果将这些想法加以矫正，则不良情绪就能得到克服。

（6）适度宣泄法

当遇到各种矛盾冲突，引起不良情绪时，应尽早进行调整或适度宣泄，使压抑的心境得到缓解和改善。宣泄的较好方法是向你的挚友、师长倾诉你的忧愁、苦闷，使不良情绪得到疏导。在倾诉烦恼的过程中，可以获得更多的情感支持和理解，获得认识和解决问题的新思路，增强克服困难的信心。也可通过打球，爬山等运动量较大的活动，消除压抑心理，恢复心理平衡，但应注意场合、身份、气氛，注意适度，宣泄应是无破坏性的。

二、学习面试技巧，积攒应聘经验

自荐材料是毕业生与用人单位交流信息的重要载体，是择业大学生面向用人单位展现自己的宣传工具，也是用人单位录用决策的重要依据。它可以从多方位增加择业成功的机会，也能实时接受信息反馈，及时调整择业方向。整理、撰写自荐材料是当今大学生择业求职的一种常用手段，是毕业生敲开职业大门的一个重要步骤。具体来看，求职准备的书面材料主要包括毕业生推荐表、求职信和个人简历。

知识拓展

1. 毕业生推荐表

毕业生推荐表是学校发给毕业生填写的并附有各院系及学校学生就业指导中心书面意见的推荐表格。由于此表是由学校正式向用人单位推荐的书面材料，并且加盖公章，具有权威性和真实性。一般来讲，学校推荐表原件只有一份，要求字迹工整清晰，且学校会派专项人员负责核查此表填写内容是否真实正确。

××大学2017届毕业生就业推荐表

<table>
<tr><td>姓 名</td><td></td><td>性 别</td><td></td><td>出生年月</td><td colspan="2"></td></tr>
<tr><td>政治面貌</td><td></td><td>学 历</td><td></td><td>学 制</td><td></td><td rowspan="3">照片
（一寸）</td></tr>
<tr><td>学 院</td><td colspan="2"></td><td>专 业</td><td colspan="2"></td></tr>
<tr><td>家庭所在地</td><td></td><td>联系电话
（E－mail）</td><td colspan="3"></td></tr>
<tr><td>英语等级</td><td></td><td>计算机
水平</td><td colspan="2"></td><td>特长</td><td></td></tr>
<tr><td>在校表现情况</td><td colspan="6">辅导员（签字）：</td></tr>
<tr><td>获奖情况</td><td colspan="3"></td><td>社会实践和社会工作情况</td><td colspan="2"></td></tr>
<tr><td>学院意见</td><td colspan="3">同意推荐
盖章 年 月 日</td><td>学校意见</td><td colspan="2">同意推荐
盖章 年 月 日</td></tr>
</table>

说明：①此表经校大学生就业指导中心盖章有效，涂改无效；原件仅有一份，复印件仅供参考。

②毕业生学习成绩表另附（经教务处盖章有效）。

③有关证书的复印件可附后。

2. 求职信

求职信又称“自荐信“或“自荐书”，是求职者向用人单位介绍自己情况以求录用的专用性文书。求职信就像是推销，目的都是要引起顾客（雇主）兴趣，达到成功销售的效果。在西方，求职信和简历是同等重要的。而在我国，虽然很多用人单位不需要求职信，但求职信是你在求职过程中的一个重要组成部分，所以认真附上求职信更显诚意。

求职信的主要内容包括：

（1）自我介绍。包括姓名、就读学校、学院、专业、何时毕业、外语、计算机等级及其他能力等。

（2）求职理由。求职意向，申请入职的理由，强调你能在这个岗位给公司企业带来什么效益，为什么你比别人更胜任此职位。结合自身的特点，努力使自己的描述与所聘职位要求一致，切勿夸大其词或不着边际。

（3）技能技巧。强调你受过的培训或经历等，具有哪些职业技能和工作技巧。

（4）诚挚请求。通过肯定、热情、诚恳、有礼貌的表达，把你想得到工作的迫切心情表达出来，请用人单位尽快答复并给予面试机会。通常结束语后面应写表示祝愿或敬意的话，如“此致”、“敬礼”、“祝您身体健康、工作顺利、事业发展”等等，一句关切的问候会给人留下较深的印象。

（5）联系方式。信的结尾要留下你的电话、手机、Email 等联系方式。

3. 个人简历

个人简历主要阐述个人情况，浓缩大学生活的精华，将相关的实践、经验、能力、成绩等简明扼要的列举出来，展示自己的优势以达到推销自己的目的。简历没有固定的模板，有些企业便于筛选适宜的求职者，会要求填写固定模式的简历。但基本都包括个人基本资料、学历、相关实践或工作经历、所获荣誉、兴趣特长、能力等级等内容。也可以在简历后面附上必要的证明，如党员证明，学生干部证明，各种奖助学金及荣誉称号的证书复印件等。必要时，可以添加英文简历，同样要求条理清晰，简洁明了。

三、加强法制观念、维护就业权益

大学毕业生在求职、择业、就业过程中，要增强法律意识，不但要同用人签订就业协议、劳动合同，当自身权益受到侵害时，更要学会运用法律武器来维护自己的合法权益。

（一）树立法制意识，明晰政策法规

1. 大学生就业权益

根据目前大学生就业政策和有关法律、法规的规定，大学生在求职就业过程中主要享有以下几方面的权益。

（1）平等就业权

平等就业权源于我国宪法，是劳动权和平等权共同派生的一个权利，平等就业权综合

了生存权和发展权的基本人权特征，是一项具有社会性的重要权利。大学毕业生作为中国公民，享有宪法上规定的基本权利。宪法第 32 条第二款明确规定：“中华人民共和国公民在法律面前一律平等。”第 42 条第一款规定：“中华人民共和国公民有劳动的权利和义务。”这两条规定是平等就业权的宪法依据。我国《劳动法》第 12 条对该权利作出了具体的规定：劳动者就业，不因民族、种族、性别、宗教信仰不同而受到歧视。因此，当大学在就业过程中受到歧视时，完全可以据理力争。

（2）受教育权

大学毕业生作为高校的教育对象，理应享有受教育权。这种权利来自我国教育法、高等教育法的有关规定。高等学校除了传授大学生具有的专业知识外，还有对大学生进行就业指导；平等推荐毕业生；积极联系就业信息；保护大学生就业权益等义务，以保证大学生顺利就业。因此，作为高校毕业生应该享有获取就业信息权、接受就业指导权、被公平推荐权。

（3）获取就业信息权

就业信息是毕业生择业成功的前提和关键，只有在充分获取信息的基础上，才能结合自身情况选择适合自身发展的用人单位。毕业生获取信息权，应包括三方面含义：

①信息公开，即所有用人信息向全体毕业生公开，任何单位和个人不得隐瞒、截留需求信息。

②信息及时，也就是毕业生获取的信息必须是及时、有效，而不能将过时无利用价值的信息传递给毕业生。

③信息全面，毕业生有权获得准确、全面的就业信息，以便对用人单位有全面的了解，从而作出符合自身要求的选择。

（4）接受就业指导权

学生有权从学校接受就业指导，学校应成立专门机构，安排专门人员对毕业生进行就业指导，包括向毕业生宣传国家关于毕业生就业的有关方针、政策；对毕业生进行择业技巧的指导；引导毕业生根据国家、社会需要，结合个人实际情况进行择业。使毕业生通过接受就业指导，准确定位，合理择业。当然，随着毕业生就业真正市场化，毕业生也将由从学校接受就业指导而转为主动到市场接受就业指导，这种市场指导可以是有偿的。

（5）被推荐权

高等院校在就业工作中的一个重要职责就是向用人单位推荐毕业生。历年工作经验证明，学校的推荐往往在较大程度上影响到用人单位对毕业生的取舍。毕业生享有被推荐权包含这样几方面内容。

①如实推荐，即高校在对毕业生进行推荐时，应实事求是，根据毕业生本人的实际情况向用人单位进行介绍、推荐。不能故意贬低或随意捧高对毕业生在校表现的评价。

②公正推荐，学校对毕业生进行推荐应做到公平、公正，应给每一位毕业生以就业推

荐的机会，不能厚此薄彼。公正推荐是学校的基本责任，也是毕业生享有的最基本的权益。

③择优推荐，学校根据毕业生的在校表现，在公正、公开的基础上，还应择优推荐，用人单位在录用毕业生时也应坚持择优标准。真正体现优生优分，学以致用、人尽其才。这样才能调动广大毕业生和在校生学习的积极性。毕业生在就业过程中只能凭自身综合素质的提高来取胜。

（6）选择权

根据国家有关规定，毕业生在国家就业方针、政策指导下自主择业。毕业生只要符合国家的就业方针、政策，可以自主地选择用人单位，学校、其他单位和个人均不得干涉。任何将个人意志强加给毕业生，强令毕业生到某单位的行为是侵犯毕业生选择权行为。毕业生可结合自身情况自主与用人单位协商，要求学校予以推荐，直至签订就业协议。

（7）公平待遇权

用人单位录用毕业生的过程中，也应公平、公正，一视同仁。但在当前，毕业生的公平受录用权受到很大的冲击，这最为毕业生所担忧。由于各项配套措施滞后，完全开放公平的就业市场尚未真正形成，用人单位录用毕业生还不同程度存在不公平、不公正的现象，如女生就业难仍然是困扰女毕业生就业的一大问题。公平受录用权是毕业生最为迫切需要得到维护的权益。

（8）违约及求偿权

毕业生、用人单位、学校三方签订协议后，任何一方不得擅自毁约。如用人单位无故要求解约，毕业生有权要求对方严格履行就业协议，否则用人单位应对毕业生承担违约责任，支付违约金，毕业生有权利要求用人单位进行补偿。

2. 大学生就业权益自我保护

毕业生权益保护的一个重要方面就是毕业生自我保护，毕业生自我保护体现在四方面：

（1）毕业生应了解目前国家关于毕业生就业的有关方针、政策和规范以及它们之间的关系，熟悉毕业生在就业过程中的权利和义务，这是毕业生权益自我保护的前提。如果在就过程中因为所谓的公司规定或部门规定与国家政策法规有抵触，侵犯了自己的权益，则可以依据规律法规，维护自己的合法权益。

（2）毕业生应自觉遵循有关就业规范。接受其制约，保证自己的就业行为不违反就业规范，不侵犯其他毕业生的合法权益。毕业生如有下列情形之一，由学校报地方主管毕业生调配部门批准，不再负责其就业。在其向学校缴纳全部培养费和奖助学金后，由学校将其户粮关系和档案转至家庭所在地，按社会待业人员处理：①不顾国家需要，坚持个人无理要求，经多方教育仍拒不改正；②自派遣之日起，无正当理由超过三个月不去就业单位报到的；③报到后拒不服从安排或无理要求被用人单位退回的；④其他违反毕业生就业规定的。

(3) 在用人单位接收毕业生的过程当中，毕业生也应对自身权益进行自我保护。如：按照国家规定毕业生在报到后应享受正常的福利待遇如养老金、公积金等；对某些工作岗位的特殊体质要求，用人单位应在与毕业生双向选择时就明确，否则不得以单位体检不合格为由比如仅仅是肝功能表面抗原阳性等将学生退回学校；另外正常的人才流动也应根据国家和当地的有关人才流动规定，不应受到限制；报到后毕业生发生疾病不能坚持正常工作的，则按单位在职人员有关规定处理，不能退回学校，毕业生应对自己的权利有正确认识。

(4) 毕业生应学会运用法律手段维护自身的合法权益。针对侵犯自身就业权益的行为，毕业生有权向用人单位上级主管部门和学校进行申诉并听取他们的处理意见，同时也可提交给当地的劳动争议仲裁机构进行调解和仲裁，也可以直接向人民法院提起诉讼。

(二) 慎签就业协议，熟知就业政策

为切实保障毕业生就业工作的顺利进行，保障毕业生就业活动的有序开展，近年来我国政府和有关部门制定了一系列的就业政策和法规。主要可以分为以下几类：一是教育部及有关部委关于毕业生就业的规范，如《普通高等学校毕业生就业暂行规定》；二是各地方就业主管部门根据本地方实际情况出台的有关毕业生就业的规范性文件，用于规范指导本地方的毕业生就业；三是高等学校结合学校实际，根据国家的就业方针、政策和规定以及主管部门工作意见制定的本校毕业生就业工作实施办法、细则。与毕业生就业相关的法律、法规主要有《中华人民共和国高等教育法》、《中华人民共和国合同法》、《中华人民共和国劳动法》、《国家公务员暂行条例》等。

(三) 提防招聘陷阱，提高防范能力

毕业生在求职择业及上岗成为新职业者的过程中，依法享有不容侵犯的就业权益。但是在现实中，毕业生的就业权益经常受到有意或无意的侵犯，既损害了毕业生的利益，挫伤了毕业生服务社会的积极性，也影响了毕业生的职业发展前程。因此，大学生在求职与见习的过程中，应该时刻注意对自身合法权益的维护，以便能够顺利择业，愉悦上岗，并在将来的事业上有所建树。毕业生的就业权益保护主要分两个阶段，一个是求职择业过程中（即首次就业）的权益保护，另一个是就业上岗后（即劳动关系）的权益保护。不同阶段的权益保护有着不同的侧重内容：前者主要集中在就业协议的签订、试用期的纠纷方面，后者主要集中在劳动合同的履行方面。

第四篇 职业发展篇

第八章　职业生涯的适应

案例分析

初入职场，踏实做事

王红是外贸公司新招聘来的文员，是一个性格内向文静的女孩。每天她都早早来到单位，把打印室打扫得一尘不染，然后把大家的电脑打开，等同事们一到，就可以直接工作，为大家节省了时间，提高了工作效率。

大家对王红所做的事都非常感激。因为王红是新人，工作量不是很大，但当她看到大家都在忙碌地工作时，就帮着大家做些力所能及的事情。比如，哪个同事打完的材料需要复印，王红就会主动帮忙。有时看到大家忙得没有时间吃饭，她就会把饭菜给大家买来。由于王红的帮忙，大家都觉得工作轻松了不少，因此都特别喜欢王红。看她不多言不多语，实实在在地帮大家做事，比起那些浮躁自大的职场新人，要沉稳踏实得多，便在经理面前经常夸赞王红，使经理对王红也有了深刻的印象。

有一天，总经理让统计员李姐打一份年度报表，这个报表是旧账遗留下来的，数据混乱，整理起来很费事。报表要在三天内整理好，时间紧任务重，可难坏了李姐。王红忙完了手里的活，就主动帮着李姐核对。在李姐打完的报表中，细心的王红发现几个小数点的位置不对，就提醒李姐改了过来。下班后，王红主动留下来和李姐加班整理，两个人忙了大半夜，才把这些杂乱的报表归纳好。看着王红脸上细密的汗珠，李姐感动得说不出话来。如果没有王红的帮助，这些报表得让李姐忙好几天。

总经理看到李姐这么快就把这堆乱线无头的报表整理好了，非常高兴，在早会上表扬了李姐，而且还许诺要发李姐一个红包表示奖励。李姐站起来，激动地对总经理说，其实这并不是我一个人的功劳，都是王红帮我做的，如果没有她的帮助，我是不可能在这么短的时间把这些报表整理好的。王红功不可没，所以我要把我的奖金分一半给她，也要把这份表扬分一半给王红。

王红听了李姐的话，连忙站起来谦虚地说，李姐言重了，我是新人，空闲时间相对多一些，我也是用这些空闲时间帮你的，况且我们都是同事，你平时对我也很关照，我帮你也是应该的。同事之间互相帮助，融洽合作，才能提高工作效率。

总经理听了王红的话，对她这种踏实谦虚的品质表示赞赏。总经理见过不少新员工，他们大多是眼高手低的人，工作做得不多还拈轻怕重。像王红这样脚踏实地而又勤奋谦虚的人太少了。从那以后，总经理开始器重王红，在工作中有意培养她。几年后，王红理所当然地当上了部门总管。每当再有新员工到来时，王红总会语重心长地对这些新员工说，在职场上，作为新职员，一定要踏踏实实地工作，一不可眼高手低，二不可居功自傲。一定要记住你是新人，只有谦虚做人、踏实做事，才能在职场这条路上走得更稳更远。

大学生们真正开始投入到如火如荼的职业生涯中，告别象牙塔般的校园，进入真正的职场社会，又忐忑，又期待，如何适应全新的职业生涯？这是每个职场新人的心中疑惑。大学毕业生从学校步入社会，要实现从“学校人”到“社会（职业）人”的转变，是由学生角色转换为职业角色，开始了真正意义上的职业生涯。面对漫长的职业生涯，首先应树立对自己的生涯负责的理念，认真规划与管理，并努力在实践中探索、感知与总结，缩短职业适应期，培养积极的工作心态和情感，勇于克服困难，开拓进取，走上自己职业发展之路，实现职业理想。职业生涯管理是以实现个人发展成就最大化为目的，通过对个人职业生涯的管理，提升个人的发展机会和生存质量；更好地应对环境压力，确立人生方向和奋斗目标。

第一节　实现角色转换

大学毕业生走上工作岗位，由学生角色转换为职业角色，这一过程是对职业生涯的适应过程。不仅需要了解社会角色、职业角色的特点、权利、义务及规范，更需要适应职业角色和新的社会环境。

一、社会角色

所谓社会角色，就是一个人的身份。具体而言是指人们所处的特定社会地位和身份所决定的一整套规范与行为模式，是人们对具有特定地位的人的行为的一种期望，是社会群体的基础。社会角色的本质是社会赋予人的社会权利与承担相应社会义务的统一体。它反映了每个人在社会中的地位和在人际关系中的位置，是个人身份的显示。

（一）社会角色的特点

第一，社会角色的多重性，即每个人在同一时间都可能身兼数职、具有多重社会角色。这些角色是由个体的人在不同时间、场合、环境占据着不同的社会位置，都享有着一定的权利、履行着相应的社会义务，遵循着不同的社会规范而确定的。比如，对于一名警察而言，在维护国家公共安全、社会秩序方面，在每个公民面前他是警察，在妻子面前是丈夫，在医生面前是患者，一个人同时具有警察、丈夫、患者等多重社会角色。也就是说，社会角色对于每一个人都是相对的、多重的。

第二，社会角色具有主次之分，即主要角色和次要角色之分。比如，对于大学生而言，学生角色是其主要的社会角色，而在售货员面前的顾客角色就是次要角色。主要角色往往是一个人主要的社会权利与义务的体现，社会对一个人的评价往往以其是否满足主要社会角色的要求为依据的。一个优秀的员工，即便他的一些次要角色表现不理想，也不会影响社会、单位领导、家人给予他正确、客观的评价。

第三，社会角色的转换是个不断变化的过程。每个人在其一生中所承担的主要社会角色往往是变化的，从一个角色进入另一个角色，就是所谓的角色转换。角色转换的根本变化是社会权利与义务内容的变化。毕业生刚步入工作岗位，这一过程，实际上就是由学生角色向职业角色转换的过程。

（二）社会角色的类型

第一，根据人们获得角色的途径不同，可以将社会角色划分为先赋角色和自致角色。先赋角色又叫归属角色，指人们与生俱来或在其成长过程中自然而然获得的角色，它又分为两种类型：先天性的先赋角色，例如：人生下来就有性别之分，归属于某一民族或种族，如果是个男孩，他基本上就要按男孩的角色发展自己。制度性先赋角色这主要指的是古代奴隶，封建制度下很多职业和阶层是不可随意改变的。自致角色又叫成就角色，指人们在后天的活动中经过自学或努力而获得的角色，如科学家、教授、司机等。

第二，根据角色规范是否明确，可以将社会角色划分为规定性角色和开放性角色。规定性角色是角色的权利和义务有比较严格而明确规定的角色，如行政人员、司法人员、财会等，人员的行为一般有十分明确的规范制约，如果扮演成功可以受到表彰，否则将遭到制裁或惩罚。开放性角色是角色的权利和义务没有严格而明确的规定，角色扮演者可以根据自己对角色的理解和社会对角色的期待来规范自己的行为，它也有制约，但这种制约是非强制性的，主要受习俗、道德等社会规范的制约，如朋友、亲戚、夫妻关系等。

第三，根据角色所追求的目标，分为功利性和表现性功利性。功利性角色以实际利益为目标，这种角色行为是计算成本，注重效益的，其行为的价值在于利益的取得。例：企业家，商业管理人员等。表现性功利性角色，不以经济上的报酬和效益为直接目的，而以个人表现为满足的社会角色，如各级党政干部、科学家、艺术家、作家、学者、教授等。

第四，根据角色是否符合一定的社会期待，将社会角色划分为正式和非正式的。正式角色是符合一定的社会期待的角色。非正式角色是偏离或违返一定的社会期待的角色，或出现新的社会地位而发展了一种新的角色，但这类新角色在一定时间内还未被社会接受和承认。

二、角色权利、义务及社会规范

社会角色的内涵就是社会赋予角色的权利及要求角色承担的义务，也就是社会责任，而权利与义务是通过行为规范进行预约调整的。因此，职业角色与学生角色的不同主要体现在权利、义务（责任）及规范的不同。

（一）角色权利

角色权利，就是承担社会角色而拥有的相关权利。学生角色的权利主要是接受教育及要求得到教育的权利。具体表现在，一名学生有要求父母支持其到学校接受教育的权利，在家庭经济状况不好时，还有请求资助的权利；而职业角色的权利则是依法行使职权及获取劳动报酬及其他的权利。例如，公司的职员有依据法定或约定获取劳动报酬、休假的权利，国家机关的工作人员有依法行使相应职权的权利等。两种角色在权利的具体内容上是不同的。

（二）角色义务

角色义务，就是承担角色而应负有的对于社会的责任与义务。学生角色的主要责任是遵守纪律，勤奋学习，同时有限度地参与社会实践，力争德、智、体全面发展，为成为有用于社会的人打下基础。这是一个接受教育、储备知识、培养能力的过程。而职业角色的责任，是运用知识、经验、智慧与技能为社会服务，完成某个事项、履行某项职责，从而对社会有所贡献。两种责任的履行产生的后果也是有区别的。学生角色责任履行得好坏，主要关系到知识掌握的多少和能力培养的强弱程度。学生不会因未能履行角色责任而承担严重的后果，而且往往还会得到帮助与指点；而职业角色责任履行的如何，则影响较大。人们在评判职业角色时总是和工作单位密切联系在一起的，总是将其作为身负重任的工作人员来看待的。例如，认真履行责任的医生，不仅可以有效地救死扶伤，而且会为医院赢得荣誉，为医疗工作者树立风范；反之，既影响个人，也会影响到医院甚至医疗队伍的形象。

（三）社会规范

社会规范，是指社会为角色提供的行为模式。学生规范多是从培养、教育、管理的角度出发，引导学生德、智、体、美、劳全面发展，健康顺利地成长为合格人才的行为模式；社会赋予职业角色的规范、提供的行为模式，则因职业的不同而不同。这些模式既具体又严格，违背了就要承担一定的责任，甚至法律责任。比如，国家工作人员，玩忽职守、收受贿赂就要受到法律的处罚。

三、学生角色和职业角色

（一）学生角色的内涵

大学生阶段，主体的主要任务是读书学习，是人生中增长知识、发展智力、提高职业素质、求学成才的关键阶段，以求学为己业，经济上主要靠家庭。对学生的角色界定：在社会和家庭的资助下，学习和拓展知识，培养能力，科学研究，努力使自己成为合格的高层次人才。

学生角色的社会责任主要集中在学好科学文化知识，掌握科研的方法和技能，以便将来为社会做出应有的贡献。

（二）职业角色的内涵

职业角色的主体是工作岗位的职业人（从业者）。其主要任务是用已掌握的知识技能为所服务的组织创造效益，并同时取得应有的报酬。尽管不同的职业角色有其具体的特点，但是他们之间也具有共性。职业角色可以定义为：在某一职业岗位上，依靠自身知识和能力并按照一定的规范具体地开展工作，履行岗位义务的同时获得相应的报酬并且经济独立。

作为职业角色的主体，职业人的社会责任是通过完成所服务的组织赋予的工作任务来履行。而职业角色的社会责任履行的好坏，则主要是体现在主体对工作对象的责任中。工作质量的好坏和高低不再被简单地看作个人的事，往往要从从业主体对社会责任的角度来加以评判。

四、角色转换

角色的转换不是瞬间发生和完成的，而是一个渐进的过程，就其过程而言，包括获取角色和承担角色。

（一）获取角色

对于大学毕业生而言，所谓获取职业角色，就是通过与单位的双向选择，找到自己满意或相对满意的工作，双方签署雇佣（聘用）合同，到新的工作单位报到，步入工作岗位，从这一刻开始，毕业生就已经获取了职业角色。

（二）承担角色

承担角色就是角色转换的目标。承担角色包括形式上的承担和实质上的胜任。形式上的承担就是接受一定的工作任务并开始工作。因为大学生在校园中，主要是学习书本知识，进行学术研究和专项研究，提高综合素质和能力，较少接触社会实际，缺乏实际解决问题的能力。因而在入职后的初始阶段，必然会遇到困难与挫折，还不能自如恰当地处理问题、高效的工作，这时，只是在形式上承担了职业角色，还没有胜任这一角色。只有在不畏艰苦、勇于开拓的精神激励下，虚心求教、勤于实践并积极探索，使自己具备承担职业角色的素质与才能，并得到领导与同事的认可时，才能称之为胜任工作，只有到这一阶段角色的承担或说角色的转换才算完成。

在角色转换的过程中，不可避免地会遇到困难、挫折和冲突，对于新的工作与生活环境、陌生的人际关系，必然会出现一些心理或生理上的矛盾与不适应。一些人容易出现自我封闭、眼高手低、心浮气躁、自负与自卑和希望竞争的状态，但又害怕竞争等失调现象。学生角色到职业角色的转换过程是因人而异的，有的很短，有的很长，有的甚至终其一生也未能完成。因此，毕业生都必须认真做好充分的思想准备，以积极主动的心态去面对角色转换，尽快适应职业生活，从激烈的人才竞争中脱颖而出，为今后的成才与发展打下良好的基础。

第二节　职业角色的适应

学生角色向职业角色的转换，对职业的适应是职业生涯的第一步。职业的适应性程度可以从两个角度分析：对个人而言，是指人的个性特征对其所从事职业的适宜程度；对职业活动而言，是指某一类型的职业活动的特点对人的个性极其发展水平的要求。职业适应性，就是指两者在经济和社会的活动过程中达到相互协调和有机地统一。毕业生入职后应首先在行动中，以积极的态度，坚持不懈的努力来实现职业角色的进入与承担。缩短职业适应期，尽快将学生的“学习情绪”转换为职业人的“职业情绪”。

一、职业角色适应的表现

许多毕业生走上岗位以后，产生对新环境的诸多不适应。主要表现在心理上、生活上、工作上、人际关系上和工作技能上的不适应。任何人对环境都有一个适应过程，怎样尽快适应新环境呢?

(一) 心理适应

一般新人刚跨上职场总是从基层做起。俗话说，“良好的开端是成功的一半”。你首先要学会心理适应。学会适应艰苦、紧张而又有节奏的基层生活。你缺少基层生活经历，可能不习惯一些制度、做法，这时，你千万不要用你的习惯去改变环境，而是要学会入乡随俗，适应新的环境。在这个阶段，培养出你的整体协作意识、独立工作意识和创造意识。

一是要有自信。虽然在刚开始的时候可能你会做错无数事情，但只要能够吸取经验，慢慢的，在同事前辈们的帮助下，你的整体协作意识，独立工作意识就会养成了。

二是做事要有耐性，要充分发挥自己的主观能动性和创造性，凡事要进行具体分析、具体对待，然后脚踏实地工作，自然而然的，你会惊喜的发现，你的创造力也挺强的。在一个行业准备好从底层做起，不断积累经验提升能力，就能为今后的职业发展打下一个良好基础，形成一个有延续性的职业发展历程。

（二）生理适应

既然步入了职场，就已经从一个学生转换成了一个职业人。原来的许多生活习惯就都得改变。也许在学校的时候，喜欢睡懒觉，经常上课迟到或者频繁的来些“贵恙”，在读书期间，这也许不会带来什么严重的后果，可是，在工作期间，如果你犯些什么懒病、娇病、馋病，每一件都可能给你带来非常严重的后果。

所以，请你为了自己的职业前途调整生活规律，当然，让你调整规律并非要求你成为一个机器人，有些事你可以自己灵活的决定是否需要调整。这主要得看你的工作环境与公司文化。

（三）岗位适应

年轻人容易将事情看得简单而且理想化，在跨出校门之前，都对未来充满憧憬，初出校门的大学生不能适应新环境，大多与其事先对新岗位估计不足、不切实际有关。当他们按照这个过高的目标接触现实环境时，许多所谓的“现实所迫”让他们在初入职场时就走了弯路，以至于碰了壁还莫名其妙、不知所措。往往会产生一种失落感，感到处处不如意、事事不顺心。因此毕业生在踏上工作岗位后，要能够根据现实的环境调整自己的期望值和目标。原因就在于，他们都没有一个职业角色的意识，并不真正了解自己能做什么，该往哪方面发展，以至于频繁跳槽。而如果新人们可以为自己做一个良好的职业规划，明确自己的职业目标是什么，在职场中自己该扮演什么角色，该怎样强化自己的职业，并且在这个行当上钻研下去，自然就能得到较好的发展。

（四）知识技能适应

刚出道的新人可能文凭比单位里一些前辈要硬，但是经常会出现这样的情况：刚刚工作的学生什么都不会。因为在学校里的时候，我们比较注重的是学习理论知识。然而到了职场上，更注重的是动手能力和累积的经验。因此，新人们要投入到再学习中。这个学习是一种见机行事，是让你适应工作中的知识技能。正所谓，干到老，学到老。竞争在加剧，学习不但是一种心态，更应该是我们的一种生活方式。

21 世纪，实力和能力的打拼将愈加激烈。谁不去学习，谁就不能提高，谁就不会去创新，谁就会落后。同事、上级、客户、竞争对手都是老师。谁会学习，谁就会成功，就能使得自己职业岗位的智能机构更加完善。学习提高了自己的竞争力，也增强了企业的竞争力。

（五）人际关系适应

与象牙塔里单纯的人际关系不同，踏入了职场，人际关系也相应的复杂了起来。刚走上工作岗位的新人最容易犯的毛病是过于高傲。把姿态放低一点，恰当的礼貌往往会赢得别人的尊重，能忍受自己的下属对自己指手画脚。进入了社会，不妨把自己的个性磨的圆滑一点。

如果真正能够注意并做到这五种适应，那么恭喜你，虽然你还是新人，但是已经能够胜任你的工作，并且会给你的老板和同事留下很好的印象。

二、实现职业角色适应的途径

（一）树立新的角色意识

步入职场后，树立新的角色意识非常重要。新的角色意识主要是独立意识、责任意识、协作意识与打造个人职业品牌意识。学生在校学习，主要依靠教师讲授，生活来源主要靠家人供给，无形中养成了依赖心理。入职后就要承担一定的社会责任，有些任务需要独立完成，被视为一个独立的社会人存在。这些客观要求都需要毕业生强化自己的独立意识。

学生在校期间，很少承担社会责任，而入职后到了工作岗位，作为一名职业人，要根据职业的规范承担更多的社会责任。例如，医生作为“白衣天使”要担当起救死扶伤的责任；教师作为“人类灵魂工程师”担当着传道、授业、解惑的责任等。没有责任心的人不可能对工作投入，也不可能受单位和社会的欢迎。因此，要及早树立和培养责任意识，积极适应新的社会环境。

企业、产品需要在市场竞争中建立品牌，个人更需要在职场中建立个人职业品牌。美国管理学者华德士提出：21 世纪的工作生存法则就是建立个人职业品牌。个人职业品牌最基本的特征是质量保障。它体现在两方面：一方面是个人业务技能上的高质量；另一方面是人品质量，也就是既要有才更要有德。一个人一旦建立了个人职业品牌，在工作中就会事半功倍。个人职业品牌的形成是一个循序渐进培养和积累的过程，一定要注意在日常工作中做到谦虚谨慎，言行一致，脚踏实地，严谨务实，勤奋好学，爱岗敬业。

（二）树立良好的第一印象

第一印象是指最先给人留下的印象。在心理学中非常重视第一印象，因为在人际交往中，最初留下的印象往往是最强烈而深刻的。第一印象最有先入为主的特性，某个人在人们心目中的印象一旦形成，就很难改变，因而在人与人相互认识和交往过程中，第一印象的作用十分重要。对刚刚入职的毕业生而言，要强化第一印象，掌握先入为主的主动权。由于第一印象主要是获得被知觉者的表情、姿态、身材、仪表服饰等方面的印象，所以刚入职场的毕业生要重视自己与领导、同事初次接触时的仪表姿态和言行举止等，以自身良好的道德品质和文化素养努力创造最佳的第一印象。

每个企业都有自己的企业文化，它包括企业理念、企业精神、价值观、规章制度等。

步入工作岗位的毕业生，首先要了解所在单位的历史、价值观、目标与工作期望，掌握企业文化的灵魂，理解制度形成的背景，使自己的价值取向与企业的价值观相吻合；了解企业的生存法则，以便及早融入企业文化。

做好第一件事是今后完善职业人格、事业成功的基础。职业人格就是指职业的尊严。步入工作岗位，总是从第一件事做起，要想以积极的态度快速地适应工作环境，就必须以积极的态度把交给你的第一件事做好。领导往往会从你所做的第一件事来判断你的各方面的能力，包括工作态度与品质，并且会以这种判断作为以后人用你的依据。所以，做好领导交办的第一件事，对于领导职业角色的内涵，顺利适应工作岗位是至关重要的。首先要仔细聆听领导的指示，并领会其意图，没有听清或听懂一定要虚心请教，直到弄清为止。然后再了解工作对象的情况和特点，多设计几种方案，虚心学习，求助于人。在做第一件事的时候，这一点尤为重要，一定要以百分之百的热情来做好。因为一个人被给予的机会是有限的，第一件事没有做好，第二件事就很难落到自己的头上，或者说第二件相对重要的事情就很难再有机会去做了。切记积极地做好第一件事，是至关重要的。

良好的第一印象有助于与员工融为一体，有助于工作的起步与发展。建立良好的第一印象，只是第一步，若想取得成功与他人认可，还需要走好同样的第二步、第三步。通过不懈的努力，用良好的个人品质、正直的为人、出色的工作业绩去建立更深层次的长期印象——良好的个人形象。

（三）摆正心态，树立信心

摆正心态的关键，一要摆正自己的位置；二要主动投入工作；三要充满信心。摆正位置，就是要正确的认识评价自我，既不能目空一切，又不能自惭形秽，畏缩不前。而应该把自己当作社会大学的小学生，要善于提问，多请教上级和同事。树立终身学习的理念，把实践的过程看成是不断充实完善自己，增长才干的过程。主动投入工作，就要尽快的了解工作职责和内容，熟悉工作流程，学习工作技能，力争尽快独立开展工作。充满信心就是不要因为在工作中遇到了困难而怀疑自己的一切，而要相信自己的能力与毅力，坚定战胜困难的信念。当遇到困难或挫折时，要冷静地查找问题，分析原因。只要摆正位置、充满信心，就能心态平衡，就能发挥出自己的最佳水平。

（四）善于观察，勤于思考

进入职业角色，要开动脑筋，善于观察，勤于思考。只有善于观察，才能发现问题，并运用自己所学得的知识努力实践，解决问题，才能够掌握大量的第一手资料，真正掌握职业对象的内部规律。同时，只有勤于思考，在工作中才会有自己的见解，逐步具备独立开展工作的能力，更好地承担角色责任。

（五）大不惧大，小不厌小

入职后，需要完成的工作，既有很重要的大事，也有微不足道的小事。对于重要的工作不要心存畏惧，而应拿出应有的勇气和工作热情去完成。应该知道，任何人都不会强求一个新职工在工作的初始阶段就会有非常出色的表现。因此，如果表现的好，就会脱颖而出，即使表现不好，也不必负担太重，因为你还有机会，只要正确调整，从失败中吸取教训，你就离成功更近。而对于小事，同样应该重视，并应努力做好。强迫自己去做自己不感兴趣的事情，并做得很好，是每个职业人的必修课。当一个人认真努力地将别人不愿做的琐碎小事做得很好的时候，领导的赏识与发展的机遇就会悄悄降临。

在工作中非常有必要了解组织对个人的期望，对比和思考组织与个人期望之间的的差异，想办法找到个人期望与组织期望的结合点。同时，要尊重你的同事，礼貌待人；更要尊重你的上级，多请示，多请教，学会沟通与汇报，及时反馈你工作的进展情况。

总之，态度总是有积极与消极之分，积极去适应，就是积极主动地找问题、寻求解决的办法，这样，适应的过程就会大大的缩短。反之，就会步履蹒跚。在适应职业角色的过程中，要不断地总结和探索，以积极的心态与行动来获得领导与同事的认可，完成对职业角色的领悟与适应。因此，入职后首先要充分认识与了解相关的职业环境，评估环境因素对自己职业生涯发展的影响，认真分析职业环境因素的优势与限制本专业、本行业的地位、形势和发展趋势。入职后的毕业生只有适应职业环境的需要，趋利避害，才能充分发挥自身的优势，实现个人的职业目标。

第三节　社会环境的适应

对于刚刚走上工作岗位的每一名毕业生来说，尽快地调整好心态，树立良好的第一印象，适应社会环境，努力建立和谐的人际关系是非常重要的。同时，顺利度过适应期对以后的迅速成长具有重要的意义。

一、社会环境适应的意义

第一，现实的自我与社会的和谐。了解社会，了解自己是适应新环境、适应社会的前提。毕业生刚刚步入复杂多样的社会，需要一个深入社会、努力实践的渐进过程。最重要的是要了解社会发展趋势及其对人才的要求及标准，这样才能更好地驾驭环境，适应社会。了解最重要的是为了发现自己的优势与劣势，找出自己的能力倾向，目的是要在工作中用己所长，并根据社会的需求改变、充实、完善自我，从而适应社会的要求。其实所谓适应社会就是适应社会的要求，这一过程实际就是找出自身条件与社会要求之间存在的差距的过程。只要清楚的知道自己存在的差距，才能有目的、有计划地去改变、去缩短差距。这一过程很短，由学生角色向职业角色转换的时间就会越短，转换的过程就会越顺利。

第二，人际关系的和谐。人际关系是人与人之间心理上的关系和距离，是以一定的群体为背景，在互相交往的基础上，通过认识调节、感情体验、行为交往等手段形成的，是人们长期交往的结果。人际关系是社会关系的一部分，在交往的过程中，需要得到满足时，则产生友好，亲近的关系；得不到满足时，就会产生疏远、厌恶的关系，这就是人际关系。

学会处理好人际关系是毕业生适应社会、为自己创造良好的外部工作环境的需要。不可错误地将搞好人际关系与社会上的“拉关系”等不良习气和现象画等号，也不可将搞好人际关系看作是走仕途、做行政、搞管理的人的事情，而与从事科研、技术工作的人不相关。关注自己的人际环境，让工作与生活有个良好的开端，是每一个人都无法回避的课题。

正确处理好人际关系，既要遵循一般人际关系的处理原则，也要看到不同机关、学校、科研院所和企事业单位（乃至独资，合资企业）的组织文化在人际关系上所体现的不同特点，还要把握人际交往中的三效应（即新奇效应、互爱效应和沉默效应）。新奇效应是指人们接纳新成员时一般会抱有新鲜感，对其充满希望；互爱效应是指人们在交往中感情具有互动性；沉默效应是指在适应新的环境下三缄其口，以免陷入复杂的人际纠纷。

二、如何实现人际和谐

（一）影响人际关系密切程度的因素

1. 时空接近程度

常言道：“远亲不如近邻”。这说明时空距离是决定人际关系亲疏的一个重要条件。接触机会越多，相互间就越容易交流感情并建立友好关系。

2. 交往频繁程度

通常情况下，交往多，彼此之间的感情沟通就多，容易互相理解；交往少，情感交流自然也少。但是交往频率高不一定质量就好，只有以诚相待、肝胆相照、相互理解，才能建立起更深层次的友好关系。

3. 个性相容程度

个性相容主要指人们在气质、性格、兴趣、爱好等个性上的相互容纳。个性相近时，容易互相吸引、相互促进。个性差异时，虽然不易吸引、相互促进，但如果能够互相容忍、互相理解也能做到互相补充，甚至相得益彰。性情宽厚豁达、谦和热情的人易受欢迎，易建立良好的人际关系。相反，心胸狭窄、性情孤僻的人，人际关系必然紧张。

4. 态度相似程度

俗话说：“物以类聚，人以群分”。态度是个体对事物的评价及行为倾向。人与人之间的态度相似，观点一致，具有共同的理想、信念和价值观，易在感情上产生共鸣，易建立亲密的人际关系。

5. 需求互补长度

人际交往本身是人的一种需要，人们在交往中能够获得归属感、满足感。人们在需求一致时，容易互相帮助，互相促进，得到感情上的满足；在需求不一致时，难以获得满足感，但只要互相配合，取长补短，也可以促进人际交往。

（二）建立和谐人际关系的意义

1. 可以尽快消除陌生感，适应人际环境

毕业生到工作岗位后，生活和工作环境发生了变化，人际关系比较陌生。如果一开始就注意建立良好的人际关系，主动交往，热情待人、豁达处世，尽快与大家融为一体，便可顺利打开局面，消除陌生感，摆脱孤独的笼罩，顺利度过适应期。

2. 可以使工作顺心，生活愉快

良好的人际关系，可以使人感到工作顺心，生活惬意。当工作不熟悉时，人们会热情的给予帮助；当工作遇到困难时，人们会给予信心和勇气；当工作不慎失误时，人们会给予理解、安慰和指导；当生活遇到挫折时，人们还会给予温暖和帮助；当工作取得成绩时，人们会告诫其戒骄戒躁，继续努力。良好的人际关系，还会提高工作效率，使人觉得生活在文明的群体里，感受到集体的温暖和他人的爱心，使人不断的从集体间汲取营养，充实自己，健康成长。

3. 可以保持心情舒畅，心理健康

人际关系的适应是人类心理适应的重要内容。良好的人际关系，可以消除隔阂，打破封闭，使大家处于一种互相理解、互相尊重、平等友好的关系之中，当人苦闷的时候，宣泄一下情绪而不必顾虑；愁苦的时候，可以一诉衷肠，从而保持心情舒畅，身心健康。

（三）建立和谐人际关系的原则

1. 尊重他人，不自恃清高

共同的理想，共同的目标，共同的事业，使不同的人彼此结为一个共同的群体。到了新单位，尽管每个人秉性各异、爱好不同，但每个人都是自己的老师，因为他们每个人都可能掌握了丰富的工作经验、娴熟的业务技能。要向尊重老师那样尊重他们，尊重他们的劳动和劳动成果，尊重他们的人格和感情，虚心向他们求教，不自恃清高，不要妄自尊大甚至摆大架子。对人的尊重，不要以财富的多少、年龄的大小、分工的不同作为区分的标准，而要以对社会的贡献为标准。尽管人们的分工不同，能力有大小，但在人格上都是平等的。因此不要嘲笑和歧视他人，不要以己之长比人之短，应该谦虚待人。如果因自满而轻视他人，就会损伤他人自尊心，造成人际关系的疏远。在相互交往中尊重他人，也要尊重自己。自尊自重，才能在尊重他人的同时，也赢得别人的尊重。总之，尊重他人、谦虚谨慎，善与群众打成一片的人容易建立和谐的人际关系。

2. 平等待人，不厚此薄彼

平等的对待身边的每一个人是做人的原则。在工作单位，应当以平等的态度对待每个同事。不要以职务的高低、工资的多少来决定对待人的态度；不要亲近一部分人，故意疏远另一部分人；不要认为某人对自己有用就打得火热，某人暂时不用就疏远不理；不要见了领导就低头哈腰、满脸堆笑，见到群众就置之不理，甚至冷若冰霜；不要卷入是非矛盾，拉帮结派、搞小团体，而应该尽力与所有同事发展平等互助的友好关系。

3. 待人以诚，言而有信

待人以诚，就是真心实意，不口是心非，不当面一套、背后一套。诚实是做人的基本要求，也是建立良好人际关系的重要条件。言而有信，就是说话算数、言行一致、说到做到，不做说话的巨人、行动的矮子。诚实守信，才能在交往时肝胆相照、互相信任。在交往时，即使发生一些误会，只要诚实守信，误解也会冰雪消融，和好如初；有了矛盾，彼此真诚，也能相互谅解，互相容忍，甚至和解。

4. 主动随和，平易近人

谦虚随和、平易近人，就会给人一种较亲近的感觉，大家会乐意同其交往，觉得彼此之间愉快舒畅。切记孤陋寡闻而又自命不凡。古语道："独学而无友，则孤陋而寡闻。"说明交往少，就会学识陋、见闻少。毕业生到了新的工作单位后，应主动交往，不要故步自封。只要主动交往，才能获得各种知识，找出自己的不足；才能学到别人的优点，扩大自己的知识视野，增长见识，不断提高自身素质和水平。

（四）注意克服几种不良的心理状态

1. 沉默寡言，性格外向

具有这种性格的人，不大愿意与他人主动交往，容易给人以高傲、冷漠、难以接近的感觉，久而久之，于他人之间的关系必然疏远冷淡。在这种情况下，应打破自我封闭，把一个真实的自我交给大家。

2. 多疑，自我保护意识过强

这是一种不成熟的心理，缺乏安全感常常觉得自己受到别人的伤害，往往对别人产生误解，甚至愤愤不平，对别人缺乏信任感。一个不信任他人的人是很难赢得别人的信任的，而没有信任就没有沟通，没有沟通就无法建立良好的人际关系。具有这种心理的学生应注意多去交往和经历，自我保护意识过强的原因是过于害怕受到伤害。事实上，不怕受伤害反倒很难受到伤害。

3. 心胸狭窄，嫉妒心强

这同样是一种十分有害的心理状态，具有这种心理的人心里容不下比自己强的人。然而，世界上不存在各个反面都比别人强的人，所以，这种人的心理往往是不平衡的，而这种不平衡又会表现在言谈举止之中，这样就会断送朋友间的友谊。具有这种心理的人，应该说克服起来比较难，只能通过时光的流逝、一次次的教训与启迪来改变。

第九章　职业生涯发展

人的生涯发展与职业的发展密切相关，个人对职业的选择与决策反映了个人对生涯的态度与理想。职业是人们对生活的外在表现，理想的职业应该是个人特点和职业特点的结合。毕业生走上工作岗位，便开始了职业生涯发展的旅程，在不同的人生阶段应尽早明确自己的职业发展方向和目标，并需要在职业生涯发展过程中不断修正和调整，积极应对职业发展趋势，加强个人职业生涯的管理，以取得理想的职业发展成就。

第一节　职业生涯发展目标的制定

一、目标的重要性

但凡事业有成的人，基本都有三个共同点：一是有远大的理想；二是明确地知道自己事业的方向；三是不断地朝着目标前进。职业人没有理想，人生就没有动力；没有方向和目标，动力就无所释放；没有目标的实现，就不会有成功后的喜悦。而要获得成功，就需要在奋斗过程中有清晰的方向和明确的目标。目标的意义不仅是目标的本身，它更是我们行动的的依据，信心的基础，力量的源泉，专注的核心，追求的境界。

在工作中，有些人往往失去目标，而使工作变得乏味，使生活失去意义。有目标的人在工作中总是能够创造更大的价值，获得更长足的发展。

毕业生参加工作后，首先应立足本职，结合自身的实际情况，拟定一个经过一段时间努力可以实现的职业发展目标，争取立足岗位成才。

麦格劳博士的“七步策略”可以对职业理想转化为目标有所帮助。

第一步：用具体的事件或行为来表达自己的目标。

第二步：用可以度量的语言来表达目标。

第三步：给目标定一个时间期限。

第四步：选择一个你能够控制的目标。

第五步：计划和确定一个能够帮你实现目标的策略。

第六步：从实施步骤的角度确定自己的目标。

第七步：为朝向目标的进程确定一个考评的办法。

知识拓展

美国哈佛大学有一个非常的著名的关于人生目标对人生影响的跟踪调查，对象是该校毕业生。

在即将毕业的大学生的调查结果显示：3%的人有清晰的长期目标；10%的人有清晰的短期目标；60%的人目标模糊；27%的人没有目标。25年以后该组织对这些毕业生进行了跟踪调查，其结果是：那些占3%者，25年来几乎都不曾更改过自己的人生目标，一直朝着同一个方向不懈地努力，25年后，他们几乎都成了社会各界的顶尖成功人士，他们中不乏创业者、行业领袖、社会精英；那些占10%有清晰短期目标者，大都生活在社会的中上层。他们的共同特点是：那些短期目标不断被实现，生活状态步步上升成为各行各业不可或缺的换专业人士。如医生、律师、工程师、高级主管等；那些占60%的模糊目标者，几乎都生活在社会的中下层面，他们能安稳地生活与工作，但都没有什么特别的成绩；剩下27%的是那些25年来没有目标的人群，他们几乎都能生活在社会最底层。他们的生活都过得很不如意，常常失业，靠社会救济，并且常常都在抱怨他人、抱怨社会、抱怨世界。

调查者因此得出结论：目标对人生有巨大的导向作用。真正的职业生涯是从他们设定目标开始的。而入职之后的职业生涯总体目标是指当前可以预见的最长远的目标。

二、入职后职业发展目标的制定

职业发展目标包括职务目标、工作内容目标、经济目标、工作地点目标、工作环境目标、工作能力目标和工作成果目标。因此，工作目标的制定应从以下几方面入手：

（一）职务目标

清晰的职务目标应该是“专业”加职务。

（二）工作内容目标

工作内容目标，对于选择了专业技术型发展路线的人格外重要。因为这些人的发展体现在本专业技术领域取得的成果及相应的职称晋升，所以具体可行的工作内容目标才是规划的重点。

（三）经济目标

获得经济收入是工作的目的之一。毕竟每个人离不开生存的物质基础。在工作规划中列出收入期望无可非议。但要结合自己的能力素质和实际，大胆规划。具体明确的经济目标将成为前进的推动力。

（四）工作地点目标

如果对工作地点或工作环境有特殊要求，就应该在规划中考虑这两项内容。总之，尽可能根据个人喜好来规划，但切勿太过细琐，以免影响选择面。

（五）工作能力目标

工作能力是对处理职业生涯中各种工作问题的能力统称。如组织领导能力、策划能力、管理能力、研究创新能力、人际关系沟通能力、与同事协调合作能力等。衡量一个人的事业成功与否，不在于他是否当上高官、赚到很多钱等这些外在表征，而在于他工作的过程是否创造了富有实际意义的成果。工作生涯的发展是个横向伸展的过程，可能是工作内容范围的扩大，也可能是专业领域的进深，这都需要我们不断提高个人的工作能力，否则，就会停滞不前。同时，必要的工作能力积累是达到职务目标和收入目标的前提。所以，在制订个人工作规划时，工作能力目标应当优于职务目标。当然，工作能力目标应当切合实际，具有挑战性，并与该阶段的职务目标所要求的条件相匹配。

（六）工作成果目标

工作成果是进行绩效考核的重要指标。优异的工作成果不仅带给我们荣誉感和成就感，也铺砌了通往晋升之途的阶梯。因此，要结合工作实际，分阶段地制定工作成果目标，并逐步实施。

第二节　入职后职业生涯发展阶段

人们的职业生涯并非是一条平坦的直线，而是周期性的、曲线性的、呈一种螺旋式上升的轨迹，就像正弦曲线一样，从波峰到波谷，又从波谷到波峰。毕业生入职后职业生涯发展的关键在六个阶段。这六个阶段的主要任务是：完成角色转换、适应社会、职业认同与开拓、重新评估自己、晋升和调整发展方向、良好的职业化素质建立。

一、“职业探索”阶段

工作1~3年是职业生涯的“探索”阶段。毕业生逐渐变得成熟，但还不能“独当一面”，正处于职业探索的状态。这个阶段仍然处于迷茫状态，主要任务还是明确“我是谁?”“我还能做什么?”迷茫的主要原因是缺乏自信和社会经验。这段时间也是跳槽的多发期，但这段时间也是积累知识和工作技能的关键期。

二、“职业适应”阶段

工作3~5年后，逐渐步入“职业适应”阶段，逐渐熟悉组织文化，了解组织内情，建立初步的人际关系网。职业性格特点逐渐凸显出来，对自身的优势和不足逐渐清晰，于是开始进入“职业适应”阶段，对职业方向进行合理调整和适应，可以尝试再到单位不同的岗位工作，既能开阔视野增添新鲜感，还能了解自身究竟适合什么工种。

三、“职业锁定”阶段

工作5~10年，随着自身优劣势及性格特点的日渐清晰和不断地实践锻炼，毕业生渐渐由“职业适应阶段”走向了“职业锁定阶段”，基本确定自己的职业发展领域，并结合自己的经验和阅历，开始承担重要的工作，发挥并拓展自己的能力。而有的人仍然处于迷茫状态，没有职位认同感，不知道如何锁定自己的职业生涯。

这时候如果你依然愿意尝试这份工作，就应该首先端正态度，决不能整天愤世妒俗、怨天尤人，而应该投入工作，在工作中快速磨练和积极探索，不断修正下一步的工作流程和发展方向。即便是已经暂时“锁定”了你的职业种类，也千万不要每天得过且过地混日子。相反还要更加勤奋地不断寻求自我突破，强迫自己不断跨越新的高度。

四、“事业开拓”阶段

从业者工作10~15年后，当了解自己的“职业锚”时，从业者会明确自己的意向，现实地选择和准确地进行职业定位，开始从前期“职业阶段”中的技能、经验及资金积累走向人生事业的开拓历程。“职业锚”是人们经历一定工作年限获得的。当人们在经历10年甚至更长时间的职业实践后，对个人的“需要与动机”、“才能”、“价值观”三个方面有了真正的认识，即找到了职业方面的“自我”与适合“自我”的职业，这就形成了人们终身所认定的，在再一次职业选择之中最不肯舍弃的东西，并把一个人系在某种职业上（施恩的“职业系留点”理论，在我国今年的职业生涯著作中，人们一般称之为“职业锚”理论，或者称为职业的眼点——本章编著者注）。“职业锚”理论，即人们因为某种思想原因选中了一种职业，就此“抛锚”安身。笔者认为，这种“职业锚”在人们参加工作前是不存在的，他是“自我意向”的习得部分，与自省动机、价值观和才干相联系，因为从业者对自身职业才能的感知，是真正有了职业经历、工作体验后，才能够正确、清楚地估测出来。

人到中年，基本确定了自己的职位定位，从心理上理解了人生的有限，而自己也开始重新衡量事业和家庭生活的价值，并为实现自己的职业理想、人生价值和事业上的成功而奋斗。

五、“事业平稳”阶段

工作15年以后，自己已步入“不惑之年”，前期“职业锁定阶段”和“事业开拓阶段”已经留下了许多积淀。在这个阶段，职业人所需要的是如何使你的事业能够在平稳的过程中持续上升。这期间还要不断地去观察市场、了解市场，不能有丝毫的松懈，所以你可能会感觉很累、很辛苦，但见得多了，承受压力的能力也增大了，获得的经验、体会也就更多了。

六、良好的“职业化素质”建立与完善阶段

“职业化”就是职场行为与操守的规范，是职业人训练有素的体现，在职业资质、职业态度、职业意识、职业心态、职业道德、职业行为和职业技能等方面充分符合组织（工作单位）与职场的需要。

职业资质就是从事本职业的基本素质和能力要求，是能够胜任本职业的基本标准，是对职业在必备知识和专业经验方面的基本要求。职业意识表现为职业敏感、职业直觉，乃至职业本能的思维过程。职业心态，检验值就是对待所从事职业的态度，因为态度决定行为，行为决定习惯，习惯决定性格，性格决定命运。职业人最需要具备的心态主要有：积极主动的心态、双赢包容的心态、自信的心态、给予的心态、行动专注的心态、学习的心态、奉献服从的心态、竞争拼搏的心态、专注感恩的心态等。职业道德，是指从事一定职业劳动的人们，在特定的工作和劳动中以其内心信念和特殊社会手段来维系的，以善恶进行评价的心理意识、行为原则和行为规范的总和，它是人们在从事职业过程中形成的一种内在的，非强制性的约束机制。职业人必备的职业道德的主要内容有爱岗敬业，诚实守信，办事公道，服务群众，奉献社会等。职业行为是职业人要坚守的正确形式规范，包含职业的人，对工作，对企业对上司对同事，对客户对自己等方面的行为规范。坚守这些职业行为，就是职业化素质成熟的表现。职业技能是工作岗位对于工作者专业技能的具体要求，职业化必备的职业技能主要有角色认知、正确的工作观、科学的工作方法、专业形象与商务礼仪、高效的时间管理、商务写作技巧、人际关系处理技巧、演讲技巧、客户服务技巧、情绪控制技巧等。

第三节　提高职场竞争力

影响职业生涯发展的因素有很多，而工作能力是决定从业者职业生涯成败的关键因素之一，是每一个从业者职业发展中面临的首要问题，是构成个人职场竞争力的主要环节，它能够使从业者形成自己独特的竞争优势。不管是步入职场多年的白领、金领、蓝领，还是刚入职场的新人，面对竞争的时代，发展自我工作力、提高职场竞争力是职业生涯成功的关键所在。

一、提升社会适应能力

适者生存是生物界的普遍规律，人的生命过程就是对外部环境不断适应的过程，工作的过程也是一个不断适应环境变化的过程。适应指个体调整自己的动机和心里状态，使之

与环境条件的要求相符合。适应性是指个体在社会组织系统，群体或文化经济的变化中，其生存功能发展目标和实现相应变化的能力。

（一）社会适应能力

社会适应能力就是善于根据客观情况的变化及时反馈，随机应变地进行调节的能力，是个体素质、能力的综合反映，其强弱与其思想品德、文化知识、活动能力、创造能力、处理人际关系能力及其健康状况密切相关。如今社会复杂多变，社会信息急剧膨胀，人际交往日趋频繁，要适应这种情况，就要保证自己从学校到社会的顺利过度，就必须提高自己的社会适应能力。社会能力需要根据工作的需要去调整自己的知识结构，能力结构以及行为方式，尽快地培养自己适应社会的应变能力，一般来说，素质能力强、身心健康的学生走向社会后，很快就能适应社会环境，适应工作，即使在困难和较差的环境下，也能努力工作并取得较好的成绩。

（二）社会适应能力的提升

提高社会适应能力应注意培养职业需要的实践能力。就业竞争说到底是知识与能力的竞争，知识与能力是一种辩证关系，在一定意义上说，能力往往比知识更加重要。提升适应能力，应注重争强以下几个方面的能力：

1. 表达能力

表达能力是指应用语言或文字阐明自己的观点、意见或抒发自己思想的能力，包括口头表达能力、书面表达能力、数字表达能力、图示表达能力等几种形式。例如，求职自荐信的撰写、个人材料准备、回答招聘人员的问题、接受用人单位的面试等。哪个环节都需要较强的表达能力。一个表达能力很差的人难以在工作中处理好各种各样的关系，适应能力自然较低。

2. 动手能力

动手能力也是实际操作能力，它是人的智力转化为物质力量的关键，是专业工作者必须具备的基本实践能力。毕业生实际水平的高低主要是体现在操作的速度、准确和灵活三个方面。大学生要多看、多练，提高动手操作能力和技巧。实践证明，实际操作能力强的毕业生一直受到用人单位的青睐的。

3. 人际交往能力

人际交往能力实际上就是与他人相处的能力。人际交往是一种普遍的社会现象，是人与人之间心灵沟通的一种方式。正确、有效地处理、协调好职业生活中人与人的各种关系，不仅影响一个人对环境的适应状况，而且也影响着他的工作效率、心理健康、生活质量和事业的成败。培养良好的人际关系能力要做到三条：一是要积极大胆地竞争；二是诚实守信；三是平等待人。

4. 组织管理能力

尽管不是每个毕业生都会去从事管理工作，但是每个人在将来工作中都会不同程度地需要组织管理才能，这是现代社会对人才的要求。毕业生要积极主动、抓住机遇、争取锻炼的机会，善于观察，善于取人之长、补己之短，要善于学习组织管理的相关知识，提升自己的管理能力。

5. 创新能力

创新能力是各种智力因素和能力品质在新的层面上融为一体，相互制约形成的一种合力。它是在多种能力发展的基础上，利用已知信息，创造新颖、独特、具有社会价值的新思维、新产品的能力。用人单位欣赏和需要具有开拓创新能力的人才。因此，毕业生要培养自己的好奇心、想象力和观察力，大胆设想、勇于探索，创造性地解决工作中遇到的问题。

二、提升工作力

工作力，是一个人进入职业的先决条件，也是能否胜任职业工作的主要条件，主要是指职业工作能力。具体表述为五大能力要素：体能、智力、知识、技能、人际交往。

（一）体能训练

体能训练是职业者从事一定职业工作必备的生理和心理条件。职业者进行劳动的体力，特别是劳动负荷承载能力以及消除疲劳和体力的能力，应为人们所重视，这是能否从事职业工作的物质基础条件。但是，长期以来，很多人对生理能力有所忽视。

（二）智力提升

智力高低，主要通过观察力、注意力、记忆力、思维判断力、想象力、创造力等诸多方面体现出来。

（1）观察力，是一种有预定目的、有计划、主动的知觉过程，它是人类直接认识和改造世界的初始条件和门户。

（2）注意力，即人的心理活动对外界一定事物的集中和指向能力。它往往是影响职业活动效率和保证劳动安全的重要因素。

（3）记忆力，是人们对已经历过的事物进行识别、保持、再认和回忆的能力。这是总结经验，开拓、创新事业的必要因素。

（4）思维力，指对事物的判断、分析、综合、抽象、概括的能力，即智力结构的核心。

（5）想象力，是人对自己头脑中已有的表象进行加工改造新形象的能力，爱因斯坦称其为“科学研究中的实在因素”。

（6）创造力，是人们改造客观世界，创造新事物的能力。这是高质量完成职业工作任务，推进社会经济发展的关键要素。

（三）知识学习

知识学习是人们通过学习和社会实践所掌握的有关职业活动的理论和经验。它分为一般知识专业知识、专业知识和操作知识。

一般知识，如物理、化学、生物、数学、语文、历史、地理等自然科学、社会科学方面的基础理论知识和基本实践经验知识。

专业知识，是某一业务或学科领域专门化、系统化、深入化、精细化、先进化的理论和经验。

操作知识是具体劳动或直接操作职业运行工作的经验。

一个好的职业工作者，三方面知识皆应有之。

（四）技能掌握

技能掌握是人们经过训练所获取的熟练化、规范化的动作系列或思维系列，是劳动者实际操作、手动作用与生产资料、生产预期产品的能力。一般技能，是职业工作者一般都具有的、最基本的、通用的技能。

（五）人际交往

所谓人际交往是指社会上个人与个人、个人与集体以及个人与群体之间，运用语言和非语言符号交换意见，交流消息，传达思想，表达感情和需要，从而在心理和行为上产生相互影响的动态过程。心理学家研究表明，在正常情况下，一个人除了几个小时的睡眠外，其余时间的70%以上花在人与人之间的直接或间接的交往上。当今社会进入信息时代，交往活动也越来越多。人际交往还维持着人的心理健康，而心里健康对于我们每个人来说，又是很重要的。如果人的需要不能获得或是得不到满足，就会产生各种各样的不良情绪，影响心理健康。

知识拓展

职场为人处事技巧

1. 无论发生什么事情，都要首先想到自己是不是做错了。如果自己没错（那是不可能的），那么就站在对方的角度，体验一下对方的感觉。

2. 让自己去适应环境，因为环境永远不会来适应你。即使这是一个非常非常痛苦的过程。

3. 大方一点。不会大方就学大方一点。如果大方真的会让你很心疼，那就装大方一点。

4. 有礼貌。打招呼时要看着对方的眼睛。以长辈的称呼和年纪大的人沟通，因为你就是不折不扣小子辈。

5. 少说多做。言多必失，人多的场合少说话。

6. 不要把别人的好，视为理所当然，要知道感恩。

7. 手高眼低。

8. 遵守时间，但不要期望别人也遵守时间。

9. 不要推脱责任（即使是别人的责任）。

10. 在一个同事的后面不要说另一个同事的坏话。要坚持在背后说别人好话，别担心这好话传不到当事人耳朵里。如果有人在你面前说某人坏话时，你要微笑。

11. 避免和同事公开对立（包括公开提出反对意见，激烈的更不可取）。

12. 经常帮助别人，但是不能让被帮的人觉得理所应当。

13. 说实话会让你倒大霉。

14. 信首诺言，但不要轻易许诺。更不要把别人对你的承诺一直记在心上并信以为真。

15. 不要向同事借钱，如果借了，那么一定要准时还。

16. 不要借钱给同事，如果不得不借，那么就当送给他好了。

17. 对事不对人；或对事无情，对人要有情；或做人第一，做事其次。

18. 经常检查自己是不是又自负了，又骄傲了，又看不起别人了。（即使你有通天之才没有别人的合作和帮助也是白搭）

19. 忍耐是人生的必修课。（要忍耐一生的啊，有的人一辈子到死这门功课也不及格）

20. 新到一个地方，不要急于融入到其中哪个圈子里去。等到了足够的时间，属于你的那个圈子会自动接纳你。

21. 有一颗平常心。没什么大不了的，好事要往坏处想，坏事要往好处想。

22. 尽量不要发生办公室恋情，如果实在避免不了，那就在办公室避免任何形式的身体接触，包括眼神。

23. 会维持关系（这是和顶头上司沟通的重要途径之一），但小心不要弄脏手。

24. 资历非常重要。不要和老家伙们耍心眼斗法，否则你回死得很难看的。

25. 好心有时不会有好结果，但不能因此而灰心。待上以敬，待下以宽。

26. 如果你带领一个团队，在总结工作时要把错误都揽在自己身上，把功劳都记在下属身上。当上司和下属同时在场时要记得及时表扬你的下属。批评人的时候一定要在只有你们两个人的情况下才能进行。

27. 关于麻烦别人的问题：不是麻烦自己那就是肯定要麻烦别人。

28. 关于有益自己的问题：不是有益自己那就是有益于别人。所以既要尽量不太麻烦别人又不要太麻烦自己。既要有益于自己又要有益于别人。处事的秘密，大概就在于如何调节好这个平衡度。

29. 保留意见：过分争执无益自己且又有失涵养。通常，应不急于表明自己的态度或发表意见，让人们捉摸不定。谨慎的沉默就是精明的回避。

30. 认识自己：促进自己最突出的天赋，并培养其它方面。只要了解自己的优势，并把握住它，则所有的人都会在某事显赫。

31. 决不夸张：夸张有损真实，并容易使人对你的看法产生怀疑。精明者克制自己，表现出小心谨慎的态度，说话简明扼要，决不夸张抬高自己。过高地估价自己是说谎的一种形式。它能损坏你的声誉，对你的人际关系产生十分不好影响环境。有损你的风雅和才智。

32. 低调一点，低调一点，再低调一点（要比临时工还要低调，可能在别人眼中你还不如一个干了几年的临时工呢）。

33. 嘴要甜，平常不要吝惜你的喝彩声（会夸奖人，好的夸奖，会让人产生愉悦感，但不要过头到令人反感）。

34. 言简意赅：简洁能使人愉快，使人喜欢，使人易于接受。说话冗长累赘，会使人茫然，使人厌烦，而你则会达不到目的。简洁明了的清晰的声调，一定会使你事半功倍。

35. 决不自高自大：把自己的长外常挂在嘴边，常在别人面前炫耀自己的优点。这无形贬低了别人而抬高了自己，其结果则是使别人更看轻你。

36. 决不抱怨：抱怨会使你丧失信誉。自己做的事没成功时，要勇于承认自己的不足，并努力使事情昼圆满。适度的检讨自己，并不会使人看轻你，相反总强调客观原因，报怨这，报怨那，只会使别人轻视你。

37. 不要说谎、失信：对朋友同事说谎会失去朋友同事的信任，使朋友、同事从再相信你，这是你最大的损失。要避免说大话，要说到做到，做不到的宁可不说。

38. 说话要谨慎，多想少说。说话要令人高兴，循循善诱，“怎么说”比“说什么”更重要。

39. 不要批评别人，批评没有任何的好处，只会增加别人的怨恨。

40. 如果你觉得最近一段时间工作顺利的不得了，那你就要加小心了。

三、提升职业情商

情商（EQ），又称情绪智力，是1991年由美国耶鲁大学心理学家彼得·塞拉维和新罕布什尔大学的琼·梅耶首创的。1995年，美国心理学家丹尼尔·戈尔曼出版了《情感智商》一书。认为情商的高低对于一个人的发展有着重大的影响，对其能否取得成功有着不可估量的作用，有时其作用甚至要超过智力水平。国外学者最新研究发现，人生事业成功与否主要取决于情商，而不是智商。情商主宰人生，对人生有80%的作用，智商对人生只有20%的影响力，这也就是有些智商高的人为什么一事无成，而有些智商平庸的人却表现非凡的主要原因。情商主要包括了解自己情绪的能力、控制自己情绪的能力、自我激励的能力、认识他人情绪的能力和处理人际关系的能力五个方面的内容。情商高的人社交能力强，外向而愉快，不易陷入恐惧和伤感，对事业较投人，为人正直，富于同情心，情感生活较为丰富但不逾矩，无论独处还是与许多人在一起都能怡然自得。

职业情商是认识自身的情绪，妥善管理情绪、自我激励、认识他人的情绪、人际关系的管理，这五个方面在职场和工作中的具体表现，即从事某种职业应具备的情绪表现。职业情商更加侧重于对自己和他人的工作情绪的了解和把握，以及如何处理好职场中的人际关系，这是职场化情绪能力的表现。职业情商是职业人在职业生涯中实现突破和发展的关键因素，同时对职业人的未来发展有积极的促进重要。一方面，通过“知己”对自身的能力有一个较客观的评估，了解自己的强项和潜力，从而能够找到职业发展中最根本的动力源泉，并将工作与个人兴趣、职业气质和倾向性相结合。另一方面，通过岗位要求调查分析，在掌握行业动态信息的基础上，分析岗位特点，岗位对就职人员综合能力素质的要求，然后将个人特质与条件和要求相对照，达到“知彼”，找到自身在职业发展的优势和差距，从而进一步对个人的职业发展集体目标进行锁定。

发现和认识自己在职业情商中的缺陷是提升个人情商的前提。现实生活中不仅要靠自我认识、反思和总结，而且更需要知道别人如何看你，社会或职场对你是否认同。提高职场情商需要坚持和加强心态修炼、思维方式修炼、职业行为修炼和职业习惯修炼，职业人时刻注意保持积极的工作心态；培养积极的工作思维方式；对自己的工作行为方式要坚持以目标为导向；培养良好的职业习惯，克服不良的心理品质（如性格内向、多疑、自私、嫉妒心重、骄傲自满、瞧不起人、唯我独尊等）。

提高职业情商需要管理好自己的情绪，提高人际关系的管理能力，积极进取，善于把握机会。管理情绪要学会做到“认识情绪—分析情绪—评估情绪”和“控制情绪—调节情绪”要学会驾驭愤怒情绪和克服紧张情绪，要避免急躁情绪，摆脱消极情绪，进行合理的情绪宣泄，相应的做出自己的反应行为，要懂得豁达待人，学会沟通，学会称赞别人，学会微笑，学会倾听和说话，学会低调做人。积极进取，就是要有很强的上进心，进取心，职业人必须要有进取心才能对未来充满希望，才可能积极向上去实现理想目标。善于把握机会，首先需要学会培养果敢、决断的性格，培养理性思考的习惯，强化机遇意识，学会把握和创造机会，做到目光远大，不能一叶障目；要有持之以恒的毅力和百折不挠的信心，要看准时机及时把握，并付诸行动。想取得成功要重视和经营好人脉，成为可借用的力量；要学会取舍，珍惜那些对自身成长最有效用的机会，紧紧把握住眼前的机会。

四、克服职业挫折

（一）职业转折

所谓转折，就是指人们在从事各种活动中，由于遇到了障碍而导致需要不能被满足、行动不能展开、目标不能实现的失落性情绪状态。

职业挫折，这是职业人再次从事活动和个人职业生涯发展方面的需求不能被满足、行动受到阻碍，未能带到预期理想目标的失落性状态。例如，职业人想谋求某个职位却屡屡不能得到；按自己的设想去做某项工作领导却不同意；想要发挥才干去干一件事业却没有条件、无人识才；经过大量努力，做了大量工作，却由于主客观原因不能达到目标而失败等。职业挫折的本质，是对职业生涯的消极影响。

（二）产生职业挫折的原因

一般来讲，产生职业挫折的原因是由于人职不匹配，才能得不到发挥，组织（单位）本身有问题，人际关系不佳以及其他因素导致的挫折。具体表现在：职业岗位对人的素质要求与从业者个人的能力、特长和人格不相匹配，工作不能干好，就会使人产生职业挫折感；组织对从业者安排上小材大用，特别是领导用人不公正，个人能力不能得到发挥，从业者不能发挥特长，会产生“被埋没”“不受重用”的挫折感，并会进一步造成个人与组织的离心离德；在组织中领导者的作风不民主，组织运行机制不健全和领导不公正，导致劳动报酬不合理，提薪、晋级、升职不公平，员工辛苦和贡献得不到承认，无法获得信任和尊重，发挥自身才能和潜力方面的需求得不到满足；上下级间缺乏沟通，上级对下级不信任、不尊重，组织间关系紧张，互相猜疑、嫉妒。除此之外，由于工作的非人性化，如单位工作时间安排不当，工作量大、职业的社会评价不佳等，都可以造成人的工作不顺和工作成果得不到承认，进而产生职业挫折感。

（三）职业挫折感的反应与影响

职业挫折感的反应，第一种会出现攻击行为。一是直接攻击，把矛头指向其挫折的人或物；二是转向攻击，及遇到挫折的人把矛头发生转移，指向与挫折无关的目标。第二种是态度冷漠，受到挫折后不以愤怒和攻击的形式表现，而是采取无动于衷的冷漠态度，对工作丧失热情，一直消极怠工。第三种是行为退化，从一定层次的职业阶段位置下行，而不能是职业维持和前进。第四种反应是固执反应，即遇到挫折后，执意地反复某些失效的行为，一般来说，受到职业挫折后，应进行积极的反思，把活动的目标，方法进行必要的调整，提高适应性。当然，对于职业人来说，往往在工作和生涯大目标没有发生错误的前提下，执着追求有时会给人带来外界或组织内部的机遇。

（四）职业挫折的克服

人在职场，维持职业生涯一帆风顺而不出现挫折，只是脱离实际的幻想，所以，应该客观地认识到职业挫折是职业人职业生涯的常见现象。“不经历风雨，何见彩虹？”事实上挫折也会磨练人、造就人，缔造职业生涯的辉煌。古今中外，凡成大事者，多经历过不同的磨难。当然，我们分析职业挫折，目的是使职业人更理性地面对挫折，正确地对待挫折，减少挫折发生的频率，降低挫折对职业人伤害的强度，去实现职业理想目标。

应该清楚，人们从事工作、学习、研究、创造活动，都是在一定的自然环境，社会环境、人文环境中进行的，人们所设定生涯目标的实现过程，也会受到种种条件的限制。因此，职业人应当对职业挫折有充分的准备，以豁达、坦然、冷静的态度对待挫折，比较理智的分析造成挫折的原因，依据自身职业生涯发展的各种条件，做出相应的对策。

针对造成挫折的原因进行具体分析，找出合适自己的解决方法。在一个人由于个人水平问题感觉到对自己所从事的工作力不从心，甚至有很大困难，而同事在相同的情况下却很轻松时，说明自己存在着专业水平，技能水平低于职业岗位要求的能力素质问题。这就需要有针对性的参加培训学习，通过“充电”提高自己的职业能力，真正胜任工作，不致被单位解职，如果在职学习时间上有困难，亦可考虑放弃现在的岗位，脱产学习，集中精力完成学业，再图发展。当然，后者决策时需谨慎，因为所支付的时间成本要很大，当新入职者基本素质较好，能够胜任职业岗位，只是处在“不熟悉工作”的情况时，只是需要在职业岗位上多加锻炼，从实践中学习，从中吸取职业经验以及生涯发展的经验。

毕业生入职后，不适应组织文化，与同事不能和谐相处，甚至难以相容，或者有能力不能在单位正常使用时，就应在适当的时机考虑去一个更能发挥自己特长或者自己更喜欢的工作环境。

对于初次就业的毕业生在职业生涯一开始就选择失误，在工作实践中已经发现这个职业根本不能做好，就应该立即中断，重新选择职业，以找到自己适合的岗位，让自己轻松、愉快地工作。当然，这个决定应在“可行性研究”的分析后再做出决策。

提高挫折商的水平是对职业挫折的根本措施，也是职业生涯的成功条件，虽然有专家研究表明，挫折商的水平主要是在人的早年活动挫折时受到权威人物（父母、老师等）反复评价的作用下形成的。如果权威人物以体谅或鼓励为主，挫折商就高；如果权威人物一再叱责或打击，挫折商就低。但是，也有研究说明，在人成年后，挫折商仍然可能通过教育、训练等途径加以改善。因此，职业人要通过各种办法提高挫折商，这样在职业生涯遭遇挫折时就比较坚强，具有较强的抗挫折能了，同时也进一步强化了自身的挫折商，从而改变自己的职业生涯。

五、职业发展危机及对策

职业危机时无法预料的，即便再善于规划的人，也无法做一个完美的危机预案，并能在危机发生的第一时刻就启动它，由于有些危机是有因果关系的，人们是可以选择性避免最常见的一些危机，根据危机源的不同，可以把职业发展过程中的危机分为自身危机和环境危机两大类，而环境危机又可细分为组织环境危机、社会环境危机和家庭环境危机。

职业危机可能因人、因时间、因环境而异。单从职业年龄方面分析来看，以下四个时段产生职业危机最有可能性。

（一）定位危机

大多发生在刚才学校毕业时期，往往是因为不能正确认识自己和当时就业形势，对自己职业定位过高。

（二）升职危机

一般出现在30岁左右，在一时段里除少数人升职外，大部分人并不如意，如果不能正确的处理这时的危机，就可能会用不正确的方法来发泄自己的失意。

（三）方向危机

人道中年，往往为前途不明、升迁无望而感到困惑，一部分人甚至会逐渐萎靡不振得过且过混日子

（四）年龄危机

50 岁以上的人由于丧失了年龄竞争优势，最担忧的可能是自己的饭碗，这个时期，更应当保持不断进取的精神状态，否则，真会面临生存危机，要保持自己在职业危机中立于不败之地，一要端正工作态度，发挥自己的聪明才智，改善岗位工作绩效；二要充满工作激情，投入足够的时间去工作，并努力提升工作创新能力；三要有意识的培养自己的核心职业竞争力。

职业危机是客观存在的。在当今激烈的职业竞争中，必然会有一部分从业人员面临失业或职业岗位变动等问题。因此，从业者要注意培养和持续提升自己的职业竞争力，同时，也要做好被调整或分流甚至失业的心理准备，从容应对职业危机。

第四节　职业生涯的管理

一、传统的职业生涯管理

传统的职业生涯管理是指组织（工作单位）和员工对职业生涯进行设计、规划、执行、评估、反馈、和修正的一个综合过程，是组织提供的，用于帮助本组织内正在从事某一职业的员工的行为过程，同时，职业生涯管理也是员工的自我管理与组织的职业生涯规划这两种过程管理的结合统一，员工自我职业生涯管理，是职业生涯管理成功的关键，它以实现个人发展成就最大化为目的，通过对个人兴趣、能力和个人发展目标的有效管理，实现个人发展愿望，组织的职业生涯规划，包括教育、训练、轮岗等培训措施。协助员工规划生涯、实现自我，促进员工与组织发展目标协调一致是不可缺少的手段。它以提高组织人力资源力量，发挥人力资源管理效率为目的，通过个人发展与组织发展需要的结合，实现组织的发展。

个人职业生涯规划管理是以个人自我价值实现和收益增值为目的的，这一目标并不限于组织内部，员工甚至可以通过个人奋斗实现自己的预定目标，组织职业生涯管理带有一定的引导性和功利性，组织帮助员工完成自我定位，制定发展目标，给予发展机会，克服遇到的困难和挫折，都是为了鼓励员工将个人的职业生涯目标同组织的发展目标紧密联系，并保持一致，都是为了实现组织的发展目标。

职业生涯管理必须满足个人和组织的双重需要，实现二者的共同目标，组织的需要是

职业生涯管理的动力源泉，组织需要不能得到直接满足将会导致职业生涯管理的终止，员工个人的职业发展是职业生涯管理的基础，员工职业生涯发展需要得不到满足，也会直接导致职业生涯管理的失败，不难理解，传统职业生涯规划是以组织委主导，员工是在组织指导下参与职业生涯管理的。

入职后，个人职业生涯的发展是离不开社会，离不开具体的组织的。因此，大学毕业生入职后有必要了解组织对员工的职业生涯管理流程如图 9-1 所示，明确个人职业生涯管理与组织的生涯管理的关系，以利于职业生涯的管理与发展。

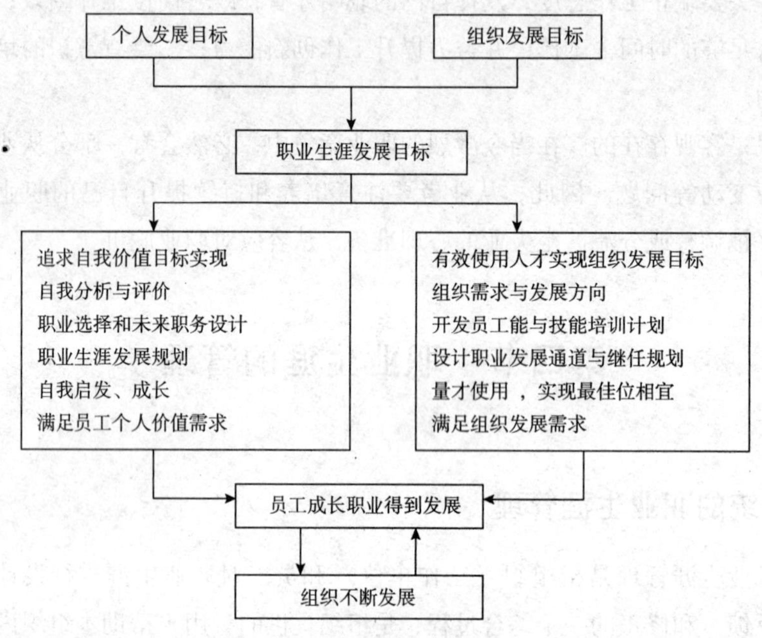

图 9-1 职业生涯管理流程图

二、适应形势，坚强职业生涯规划个人管理

在企业界，20 世纪中后期以来，企业所面临的竞争环境变化剧烈，尤其是 20 世纪 90 年代以来，信息技术和知识经济的迅猛发展，组织结构正在发生根本性的变化。从传统的组织管理体制想更具柔性、更扁平的组织形式发展，出现了信息化、分散化、虚拟化、小型化等多元发展趋势。在这一背景下，势必要改变传统的长期雇佣形式而代之以更具弹性的雇佣形式（如雇用短期化、员工派遣、裁员等）。由于企业战略在外部环境剧烈变化下不断调整，只有通过弹性雇佣形式才能保证企业组织结构的弹性，从而保证企业组织能够随战略调整而调整。同时，企业战略调整对员工能力不断提出新的要求，如果员工不能满足需求，企业就必须不断雇佣掌握新技术的新员工，从而势必打破原有的长期雇佣基础。

在这种背景的变化下，对传统职业生涯管理产生了庞大影响，并需要优化调整职业生涯管理，一些研究者提出了“无边界职业生涯”和“易变性职业生涯”的概念。无边界职业生涯和多（易）变形职业生涯提出的核心均是强调个人要对职业生涯负责任，跨越单个组织边界，个人胜任力的提高和可雇佣性的增强。因此，走上工作岗位的毕业生必须对自己的生涯发展负责，自觉加强对职业生涯的自我管理。

首先，要树立对自己最终负责的信念，不要对他人（包括自己的亲人）和组织存有依赖心理。无论是在工作中，还是生活中都需要有这种自我负责的态度，正所谓“自助者天助”。其次，在任何组织（单位）工作中，都应积极主动，尽职尽责，尽快建立起适合职场的新学习模式，明确自身的职业生涯发展阶级和职业能力开发要求，提高自己的职业情商和克服职业挫折的能力，建立自己的人际关系网格，拓展自己的职业空间，以适应职场的发展。第三，发展复合优势的职业能力，发展自己的核心竞争力。争取围绕核心工作的职位锻炼以增强职业弹性（职业弹性是指个人处理某些影响工作的问题的能力的大小），锻炼自己具有多样化、全面化和综合性的技能，以便在不同企业、不同职业和多种岗位都能发挥作用。第四，建立自己良好的职业品牌，首先要明确自己的职业定位。职业品牌的建立是一个自我定位与社会定位的结合，需要长时间的磨合与确认。在职业品牌的塑造过程中，要保持与职场圈的沟通、交流，需要不断强化自己的职业形象和成果，让社会和他人逐步建立对你的职业印象。第五，在实践中找准自己的职业发展定位。可以选择一种生涯规划时间的思路——“规划定向，实践定位”模式。多为“规划定向”，就是指在知己知彼的基础上首先要确定和选择个人的、专业和职业发展大方向；所谓“实践定位”，就是在大方向确定的前提下有目的地参加社会实践活动，包括兼职、做项目和参加市级工作。此时，把握机遇比固守规划更重要，要学会根据环境变化和社会期望适时修订原规划，在实践过程中逐步找到自己的发展定位。

PECAR 模型包括以下密切相关的环节：规划—实验—比较—分析—修正，如图 9-2 所示。

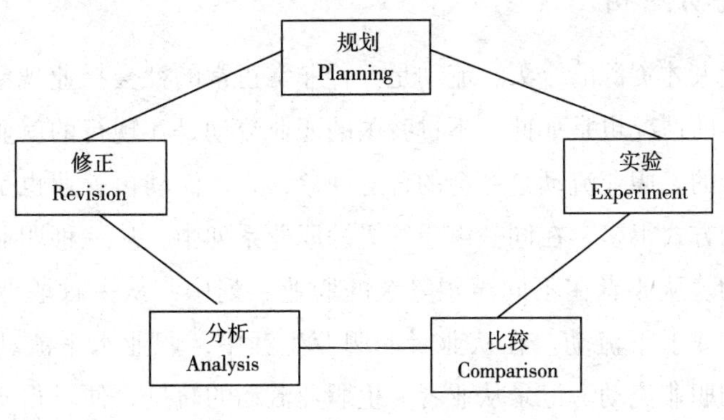

图 9-2 PECAR 规划实践模型

第十章　职业流动与职业再选择

随着我国高等教育大众化水平的不断提高，毕业生就业形势越来越严重。许多毕业生逐渐开始调整自己的择业观念，转变了“择业”的传统心理。毕业后“先就业”是大多数毕业生的积极心态，找个比较适合自己的工作单位，在干中学、在学中干，边干边学。干上几年积累一定的工作经验，为以后抓住机遇、提高工作能力奠定基础，谋求长远发展。可以看出，他们把自己放在一般社会就业者的层面上，在实践中寻求发展，为自己的开创了非常广阔的就业机会。

第一节　职业流动

由于就业难，现在很多毕业生开始走“先就业再择业”的道路。毕业生应把自身的职业发展与社会发展的需要、紧密结合起来，充分认识职业流动的现实意义，树立正确的再择业观。

一、职业流动内涵

在市场化配置人才资源的今天，流动是一种非常正常的社会择业现象。经济发达国家如此，我国近几年的情况也是如此，不过我国的职业流动是在现行的就业制度和就业政策允许的条件下进行的。职业流动是社会的普遍现象，人才流动再就业也是一种普遍的社会现象。职业流动的方式很多，在同一声望等级的职业系列中，从一种职业流动到另一种职业，称为水平流动。从业者在不同声望等级的职业系列中，从一种职业流动到另一种职业，称为垂直流动或上下流动。在从业者的职业生涯中，职业水平流动和垂直流动的总和，称为一生中的职业流动。记录从业者一生职业流动的轨迹，便可得知劳动者职业生涯模型。两代人之间的职业流动，称为代际流动。科学技术进步与生产力的变革引起社会职业结构的变化，称为结构性流动。由从业者个人自身因素引起、不影响社会职业变化的流动，称为个别性流动。引发职业流动的原因有社会原因，也有个人原因。自然环境的某些变化，有时也会影响职业的流动。毕业生要更新观念，改变“一次就业定终身”的传统观念，克服由此造成的心理压力与心理负担，树立职业流动的观念，并以“慎重的态度”对待第一次就业。

二、职业流动原因

职业流动的原因在市场经济条件下，职业流动作为一种正常的社会现象，也有着深刻的社会背景和个人因素。

（一）社会进步、科学技术水平的提高是促成职业流动的根本原因

“大工业的本性决定了劳动的变换、职能的更动和工人的全面性流动性。”在科学技术迅猛发展的今天，面对信息时代的挑战，为了保证社会再生产的正常进行，就必须承认职业的合理流动，打破“从一而终”的传统就业观念。

（二）就业制度是促成职业流动的保障条件

劳动力市场是市场经济的基本要素，在市场经济条件下，市场机制不仅配置和调节着社会的物质资源，而且也配置和调节着人力资源。今天，双向选择意味着契约性的交换方式和交换过程。对于劳动者而言，他可以自由地寻找能够发挥自己的能力、专长、志趣的有发展前途的单位或部门及劳动岗位；另一方面，对单位或部门而言，则可以自由地按职业需要来选择合适的劳动者。如果任何一方，甚至双方发现在双向选择中有了差错，经过彼此同意便可以解除契约，或期满后不再订约，从而使差错得以纠正。

（三）就业的社会心理因素对职业流动具有指导和约束的作用

就业主体受其主观意识、情感愿望、价值取向、伦理规范以及社会习俗沿袭和继承下来的就业观念的影响，对职业流动往往做出好与坏的评价。

（四）利益驱动

不可否认，职业流动存在着利益驱动的问题。在当前，职业还是人们谋生的手段，通过职业活动，谋取个人生存、发展以及提高家庭物质文化生活水平所需要的经济条件。由于职业在不同地区和不同部门或单位给劳动者所支付的劳动报酬的差别，促使劳动者从收入低、待遇低的职业部门或单位，流向能够获取“高薪”的职业部门或单位，从而导致职业流动。

（五）人际关系冲突是促使个体职业流动的原因之一

在职业活动中，人际关系的好坏直接影响着人们劳动的积极性、创造性以及工作效率。人际关系不好，有可能直接促成个体职业流动的发生。根据日本铃木建二的调查，在日本，因为别的公司薪俸丰厚而调动工作的极为罕见，大约仅占调转工作人数的5%，其多数职业流动是因为人际关系不好，情绪受到影响而辞职或被辞退。根据哈佛大学就业指导小组调查的结果，数千名被解雇的人员中，人际关系不好的比不称职的人高出两倍。

（六）职业能力水平对职业流动产生一定的影响

个人对职业有个适应过程，个人的职业能力展现也需要一定的过程。由于个人不适应或不称职，也会导致职业流动。特别是在当代社会，随着科学技术的迅速发展，职业内容和能力要求越来越高，信息和技术的更新越来越快，每一次更新，都会引起由于不适应或不称职导致的职业流动。

三、职业流动形式

一般来说，职业流动有以下几种表现形式：

（1）以职业地位和职业声望为标准，可以把职业流动分为水平流动和上下流动。劳动者在同一职业地位和同一职业声望的职业系列中的流动就是水平流动；劳动者在不同地位等级和不同职业声望的职业系列中的流动就是上下流动或垂直流动，从一种职业地位等级较低的职业流动到社会地位较高的职业就是向上流动，反之则为向下流动。

（2）从两代人之间从事的不同职业的变化可表现为代际流动。父亲是农民，儿子是工人；父亲是大学教授，儿子是企业经理；这种状况就形成了代际流动。代际流动的状况和频率表象征着一个社会的封闭和开放程度，并且受一定社会形态及人事管理制度、教育水平等多方面的影响。现代社会代际流动显著，而且向上流动的频率明显加快，尤其是农民子女，子承父业的比例降低的速度加快，愈是发达地区愈为突出。

（3）以劳动者个人在整个职业生涯过程中，其职业地位的水平流动和垂直流动的总和来看，表现的是一生流动。有人认为：在现代社会中，人的职业生涯要经历大致 6 次左右的职业变动，才能达到职业成熟和职业的稳定。

（4）从职业流动引起社会职业结构性变化的情况看，表现为结构性流动和个别流动。凡是职业流动引起和影响社会职业结构发生大规模变动的流动就是结构性流动。例如，英国的圈地运动，使大批农民失去土地进城当雇佣工人，使农工两大职业系统发生结构性变化。再如，科学技术的迅猛发展，新技术的广泛应用，第三产业职业的需求量大增，伴随而来的必然是职业的结构性流动。由劳动者个人自身因素引起而对职业结构的变化无足轻重的职业流动，就是个别流动。

第二节　职业再选择

毕业生应该把择业看做是自己非常严肃的社会责任，通过学校、人才市场、报刊、网络、亲友等多种途径，主动了解毕业生就业政策与就业形势，搜集各个方面的就业信息，积极主动的联系单位，加强与社会的沟通与联系，学会并做好自荐。要把自己的专业、兴趣、特长与社会的需求结合起来，在满足社会需求的同时实现自我价值。切忌盲目攀比、随大流，要注重追求个人长远的职业发展。

随着毕业生和就业制度的改革，“双向选择，自主择业”的就业政策给毕业生提供了施展才华的机会，大学毕业生要学会在变动中求生存、求发展、可以先到基层或偏远的地区锻炼几年，等具备了一定的工作经验和技能条件，积累了一定的实践经验以后，必然会寻求到更有利于自己的职业，这也是一条更好地实现个人价值和社会价值的好途径。

一、职业再选择的基本原则

(一) 择业的愿望与效果相统一的原则

在很多情况下，毕业生再择业的愿望和最终得到的实际效果，总有一段距离。这段距离也就是理想与现实的差异。人们总是从职业理想开始设计理想职业目标，然后按照其理想职业目标去进行职业选择。事实上，不少人从少年时代就开始在各种社会因素的影响下，形成自己的职业理想。但是，在他们就业之后，多数人得到的实际职业却与原来的理想职业有着一定的差距，甚至大相径庭。职业期望值的测算，对择业者确定自己的职业提供了一个比较直观的测算依据，可供择业者参考。

其公式：a + b + c + d + e = 职业期望值

a：职业能力 = 25 分

b：就业门路 = 20 分

c：计划、策划 = 20 分

d：竞争制度 = 15 分

e：毅力、信念 = 20 分

将有关这五项因素的具体情况认真地进行调查判断，以确定各项的把握程度再将各项的分加以累计，即得到总分，择业这就可以知道你所追求的职业能否争取到手。同时，择业者可以运用这个公式，对若干个候选职业目标，逐个进行“职业期望值”的测算，然后通过比较，把那个总得分最高的职业目标，作为自己择业的主攻目标。通过测算，人们可以从对职业的幻想中解脱出来，对于那些很忧郁活力的职业，如果发现“职业期望值”并不高，那么，就应主动放弃。但是，如果你有能力创造条件，增加该公式的某个项目的得分，使“职业期望值”升值，也不要轻易放弃对这些职业的争取。

有利正确的愿望，我们还要考虑良好的效果，因为我们是正确愿望与良好效果的统一论者。不讲方法，不顾效果，我们的良好动机就是空洞的。我们有了为人民服务的愿望，却不能真正地很好为人民服务，拿不出成效，这对于我们有良好愿望本身就是一个沉重的打击。因此，要考虑主、客观条件，考虑愿望与效果量的统一，使自己的潜能得到充分发挥，这一点对毕业生的再择业时非常重要的。

(二) 个人职业素质适应社会需要的原则

毕业生虽然选择了某项比较理想的职业，可是由于职业生涯诸多因素的影响，社会不一定就会能使我们选择变成真正的现实。因此，把个人素质和社会需要统一起来，努力提高自身的综合素质，相通才方向发展，才有达到目标的可能。这其中包含：个人所选择的职业，即是个人所长，又是社会所需；个人所具有的个性特点，同社会所需要的职业个性特点是基本一致的；个人所处的环境和条件，同从事该职业所需要的客观条件相统一；个人职业生涯规划使用与组织职业生涯规划管理。因此，必须要深入、认真地了解社会需要，充分认识自己的素质特点，全面分析个人与社会的最佳结合点。

职业对于择业者往往有一定的要求和条件。正因为如此，企业在招用职工或者机关事业单位招聘干部时，即进行考核。从某种程度上来说，素质决定生存，素质决定发展，素质决定选择，素质就是前途，就目前来说，人才的竞争就是素质的竞争，高素质的人与社会需要相适应，就有可能会获得一份理想的工作。

(三) 职业稳定与职业调节相统一的原则

一些教育界人士认为，假如毕业生带着盲目性与短期的打算走上社会，在临时“婆家”是难以安全的工作的。第一，不利于毕业生专业的培养；第二，如果过早的跳槽，在他们最需要积累的阶段没有打下厚实的事业基础，那么短暂的工作经历也难帮助他们得到更好的岗位的青睐。此外，仓促就业造成的专业不对口往往带来人才浪费，对社会也是损失。

对于职业的选择，是人生中重大的抉择之一，它对人生的影响是长远的，深刻的，因此，严肃、认真、谨慎地考虑这种选择十分重要。这就要做到对社会需要，对职业要求，对自己职业素质有一个清晰的具体的人士，做到心中有数，择业也就有了根据，也就不会造成重大的失误。

目标专一，职业稳定，这是相对的，变化是绝对的。随着社会需要的变化和社会环境和客观条件的变化，以及自身职业素质的变化，需要调整自己的职业，以达到个人与社会发展新要求的统一。

职业稳定与职业调整相统一，实现人与职业总体和谐，这是社会稳定和发展的基础，就毕业生个人来说，敢于和善于充分利用各种择业渠道，去选择自己最喜爱，并最有能力做好的职业，既是择业者的权力，也是择业者对社会所承担的一份责任。就国家和社会就业工作而言，创造就业机会，提供职业岗位，造就宽松的就业环境是责无旁贷的任务和责任，但就其某一历史时期来讲，就业机会，职业岗位大体上是一个“定数”，职业的稳定性和劳动者在择业时的自身素质，则是一个“变数”，需要随时调节，所以，要实现职业稳定与职业调整相统一，最主要的还是从业者应不要断提高自身的职业素质，主动适应职业发展对人才的要求。

二、职业再选择应注意的问题

已经就业的毕业生在考虑再择业问题时，首先要对自己有一个审慎的内省，需要仔细考虑自己的特点，兴趣爱好，价值取向，知识和技能的储备，分析自身的优劣势、个人理想、对职业发展的预期和愿望是什么等。通过这诸多方向的分析，对自己有一个清晰完整的了解之后，才可以下决定，自己是否喜欢目前的职业？到底适合什么样的工作？如果已经决定了要“跳槽”，就一定要注意到以下两个方面的问题。

（一）摆正心态正确认识职业选择的目的和意义

通常意义上的职业选择，并非否定毕业生自身的价值意义，而是让毕业生正确地将自己定位，在具备了一定的工作经验的基础上，以科学的态度再为自己以后的发展谋求更好的职业机会，为实现自己的职业理想打下良好的实践基础，克服盲目转行的行为。

1. 认真思考自己的价值所在

不能准确地为自己定位，不能搞清楚自己的各项工作能力孰强孰弱，只是盲目的跟风或跟着感觉转行，是绝对行不通的，在考虑转行的时候，必须冷静分析自己的具有情况，因为性格和自身能力，往往可以决定一个人适合做什么样的工作，此外，企业的核心竞争力、客户群、个人兴趣、特长、气质、性格样样都要考虑到，当然要做好足够的心理准备。

2. 必须努力全方位地了解“目标行业”

首先应该了解该行业的发展前景。就目前来说，毕竟“朝阳产业”才更有前途，才能给你这位新人创造更多的成功机会。其次还要主动去了解“目标行业”的信息，在了解情况时，仅仅依靠报纸和杂志的介绍或网络上的信息是远远不够的。俗话说的好，隔行如隔山。最理想的状况是在该行业中有几个内线，随时可以为你提供最可靠的信息，其中内容包括升迁制度、薪资情况等各个方面，总之多多益善。

3. 要分析自己与新行业是否匹配

在了解完“目标行业”的情况后，就要将其与现在的工作进行比较，寻找两个行业的共同点。一般来说，知识技能、对客户群、工作模式三方面中有一方面具有共同点，那么转行就比较容易转行。比如，都是做销售的，原来做房地产销售，如果改作汽车销售了，虽然行业变动了，但是面对的客户群却没什么变化，工作起来就比较容易进入角色。

（二）再择业时应注意的问题

1. 再择业应采取“两面都要抓”的原则

即在寻求新的工作机会的同时，仍然要集中精力做好现在的工作。不要认为既然要离开，就可以在目前的岗位上混日子，“打一天渔，晒一天网”，这样不但会恶化自己的工作态度，破坏自己的“第一印象”和工作积极性及增长工作经验的机会，同时也会对公司造成不良的影响。具备高度责任感的员工的一个重要行为表现就是对工作的善始善终，这样无论在哪里工作，都能留下较好的职业口碑，更有利于在新的环境中发展。除此之外，由于现在的社会就业压力很大，换一份理想的工作并不是一件容易的事，所以只有在做好现在工作的基础上，才能赢得一份更好的工作。

2. 转行行动要坚决果断

据调查，往往在原有领域走的越远，造诣越深的人，转做其他行的难度越大。但只要认为转换行业方向是正确的，对自己未来发展更有好处，就不要犹豫。因为等待、观望的时间越长，需要付出的代价也就越大。如果我们将这些看作是一种投资的话，而且它将给你带来巨大的收获。

3. 对于刚进职业社会的人而言，工作经验和经历是最大的优势

如果不是工作非常不合适，入职后的前两年最好保持工作稳定。但也可以选择“换岗位不换单位”的策略。现在很多大型企业采用内部应聘的形式——企业在留住人才的同时，也给人才职业调整的机会，可以通过内部应聘选择公司中更加合适的其他岗位，以实现资源优化配置的目的。同时也要注意，内部招聘的企业对经常跳槽的人一般是不欢迎的，所以要慎重设计自己的职业道路，不要在转行中让中级走弯路。此外，就业后频繁地跳槽既不利于自身核心能力的培养，也不利于正确的职业选择，搞不好还会导致个人的信用危机。

4. 要做到失业不失志、不失德

毕业生在再择业的工程中，可能会出现暂时失业问题，这就必须做好充分的思想准备，做到重振精神，“失业不失志”。首先，要对自身职业素质进行反思，勇于自我“解剖”，针对自身职业素质缺陷，主动充实自己。其次，要对再择业环境进行反思。如果发现择业并非是自身职业素质，而是社会不良风气所导致，则更应该树立自立自强的上进精神，顽固进取，寻找重新就业的机遇。要懂得“卓越的人的两大优点是：在不利与艰难的遭遇里百折不挠。”许多人在第一次的就业中，就已积累和取得了一定的职业经验，要敢于发挥自己的职业潜能，向那些与原有职业相近或相通的职业大胆进攻，争取更大的发展，争取最后的成功！

机遇总是青睐那些有准备的人。最好的职业并非总是有最佳的人选取得的，但总是由准备的最充分的人获得的。毕业生们要在变革迅猛、竞争激烈的当代社会中找到合适的位置，充分发挥自己的聪明才智，最重要的是要做好充分的思想准备，转变择业观念，树立较强适应性的就业观，以此为基础，才能坚定为中华民族的伟大复兴而艰苦创业的信念。优化知识结构，提高能力素质，唯有如此，毕业生在走向社会时，面对的无论是社会巨变的惊涛骇浪，还是优胜略汰的急流险滩，都能够搏击自如，游刃有余。

三、职业生涯成功的基本要素和标准

（一）职业成功的基本要素

入职后的大学生毕业生通往成功的路并不平坦。要想获得职业生涯发展的成功，除了环境因素的影响外，个人因素是决定性因素之一。

1. 信心

信心代表着一个人在事业中的精神状态和把握工作的热枕以及对自己能力的正确认知。有了这样一份信心，工作起来就有热情有冲动，可以勇往直前。当然，有时候我们也会面对失败和挫折，但这些并不可怕，每当你经历一次打击，就学到一份知识，积累一次力量和勇气。所以，在任何困难和挑战的面前首先要相信自己。

2. 目标

麦当劳的创始人临终前对后人说的一句话就是："人如果想要成功，只需要具备两个优秀的品质，那就是一要有明确的目标，二要有坚强的意志。"没有明确的目标，犹如在黑夜里行走，容易盲目。无论你在想什么还是在做什么都没有方向，也就没有成功可言。李时珍花了 27 年的时间写成了《本草纲目》；曹雪芹也用了一生的时间写成了《红楼梦》。这些人除了有非凡的才能外，就是就有明确的目标。

3. 能力

能力是与自己所学的知识、工作的经验、人生的阅历和长者的传授相结合的。专业并不决定未来的职业，人格特质才是决定人生方向的关键。能力的培养是和吸收新知识、新经验密不可分的。因此，毕业生要不断地充实自己，提高自己的能力，只有这样才能赢在各个起跑点上。

4. 意志力

许多事没有成功，不是由于构想不好，也不是由于没有努力，而是没有坚强的意志力，在遇到某些挫折时就开始放弃。要想取得职业成功，就必须培养自己坚定的意志力，把挫折当作前进的阶梯，不断追求。

5. 创造力

在这个不断进步的时代，大学生应培养创造性的思维，要紧跟市场和现代社会发展的节奏，不要一味地在传统的理念里停滞不前。在工作中要不断注入新的想法，提出有创造性的建议。

（二）职业成功的标准

每个人都希望事业有成，但对成功的认识上各不相同，这是人们价值观念各不相同的缘故。世界上并不存在人人都适用的唯一成功标准，客观认为：只要人尽其才，才尽其用，就算成功。对所有的人来说，成功的内涵里一定包含着为社会、为人类作出了贡献。有学者提出了"职业成功"的六条具体标准：第一，工作成果比较突出；第二，职务晋升比较快；第三，工资收入和获奖比较多；第四，受到人们的赞美、尊敬、羡慕；第五，自己有独到的见解或超尘脱俗的想法，而不受社会不同舆论的影响；第六，个人的职业生涯目标最终得以实现，有一种成就感。

这六条标准提供了评判一个人职业是否成功的一个思路，是作为一种认识。在通常情况下，职业成功可以从三个维度来衡量，即"自我肯定的"、"社会承认的"与"历史判定的”。这三者之间极可能是一致的，有可能是不一致的。基本上可以这样说，“历史判定的”要比“社会承认的”更有分量；“社会承认的”比“自我肯定的”更具分量。当然，所谓职业成功，会有一些外在的表现形式，比如一些物质的表现形式，人们对 待职业成功人士的态度，或者职业成功人士的个性自由范围等。

职业生涯成功与否，许多学者认为应进行全面评价，比如客观。全面评价必须综合考率个人、家庭、组织、社会等各方面因素。因此，对从业者职业生涯是否成功的评价可分为自我评价、家庭评价、组织评价和社会评价四种。如果一个职业人能在这四方面的评价都得到肯定的评价，则其职业生涯应视为成功。

人生在世，实业为本。毕业生要认识到职业岗位才是成才的舞台，是一个人施展才华、取得成就的场所。只有立足岗位、艰苦创业、勇于探索，才能尽快成才。

实践是成才的基石，是知识的源泉，是毕业生入职后锻炼成才的有效途径。一个人的知识和才能只有在实践中才能发挥其作用，才能得到丰富、完善和发展。历史上许多名士都经过无数的实践，历经磨难、饱经风霜才获得成功。毕业生要勇于实践，将理论和实践相结合，在实践中继续学习、不断总结、逐步完善、有所创新。只有不断调整和提高自己，才能在充满竞争的社会中到达成功的彼岸。

职业是大学毕业生走向生活的新起点，全身心得投入其中，才能使自己不断成长、发展，并得到充实、满足，从而实现人生的目的，实现服务于社会的目标。有理想、有抱负的毕业生，应该怀着一腔热血，到祖国最需要的地方去建功立业、奉献青春。首次择业未成功或未能如愿，还可以有第二次、第三次甚至更多的择业机会。越来越开放的人才流动制度，将为毕业生提供更为广阔的就业前景。因此。走向社会的毕业生要在社会认知的基础上，在职业生涯发展过程中把握机会，适时调整自己，不断提升就业能力，以适应社会的要求与变化，并从长远的角度来考虑个人的职业生涯发展，勇于竞争进取，顽强拼搏，实现自己的职业理想和人生价值。

参 考 文 献

[1] 徐继玲．大学生活与生涯规划［M］．上海：上海辞书出版社，2011.

[2] 蒲果泉（美），王伯庆．大学生生存手册［M］．北京：当代中国出版社，2006.

[3] 姚裕群．职业生涯管理［M］．大连：东北财经大学出版社，2009.

[4] 宋建军，刘月波．大学生职业发展与就业训练课程［M］．苏州：苏州大学出版社，2007.

[5] 陈浩明，孙晓虹，吕京宝．大学生职业生涯规划［M］．上海：复旦大学出版社，2012.

[6] 卢志鹏．职业生涯规划与就业指导［M］．北京：经济科学出版社，2008.

[7] 吕春明．职业生涯发展与规划［M］．济南：山东人民出版社，2010.

[8] 蒋乃平．职业生涯规划［M］．北京：高等教育出版社，2013.

[9] 刘珍杰．大学生职业发展与就业指导［M］．北京：中国电力出版社，2009.

[10] 石建勋．职业生涯规划与管理［M］．北京：清华大学出版社，2009.

[11] 林学军，郑慧娟．当代大学生职业生涯规划与管理［M］．广州：暨南大学出版社，2014.

[12] 周志远，曹俊伟．大学生职业生涯发展规划与就业指导［M］．北京：科学出版社，2010.

[13] 熊丙，宋丽贞，胡宝国．步入大学［M］．上海：上海交通大学出版社，2010.

[14] 辽宁省教育厅．大学生职业发展与就业指导［M］．沈阳：辽宁大学出版社．

[15] 马存根．大学生心理健康教育［M］．北京：人民卫生出版社，2005.

[16] 王传旭，姚本先．大学生心理健康教育概论［M］．合肥：安徽大学出版社，2006.

[17] 于海琴．心理成长与生涯发展［M］．武汉：华中科技大学出版社，2008.

[18] 李晓波，李洪波．大学生职业生涯规划与发展［M］．北京：化学工业出版社，2010.

[19] 王明复，孙培雷．大学生职业生涯规划与求职指导［M］．北京：清华大学出版社，2012.

[20] 周莉．职业生涯规划［M］．北京：中国人民大学出版社，2014.

[21] 徐笑君．职业生涯规划与管理［M］．成都：四川人民出版社，2008.

[22] 刘培章．大学生职业生涯规划与就业指导［M］．青岛：中国海洋大学出版社，2012.

[23] 曲振国．大学生就业指导与职业生涯规划［M］．北京：清华大学出版社，2008.

[24] 王学梅，黄朝晖，余洵．大学生职业生涯规划与就业指导实务［M］．武汉：中国地质大学出版社，2011.